GESCHICHTE DES STILLEN ÖRTCHENS

Günther Binding, Bauen im Mittelalter, ISBN 978-3-89678-826-9
Sabine Buttinger, Alltag im mittelalterlichen Kloster, ISBN 978-3-89678-827-6
Daniel Furrer, Geschichte des stillen Örtchens, ISBN 978-3-89678-828-3
Joachim Heinzle, Die Nibelungen, ISBN 978-3-89678- 824-5
Jens Jähnig / Holger Sonnabend, Die Sieben Weltwunder, ISBN 978-3-89678-815-3
Peter Rothe, Geschichte der Erde, ISBN 978-3-89678-825-2

WISSEN IM QUADRAT

Wegweiser auf dem
Münchner Oktoberfest.

Daniel Furrer

GESCHICHTE DES STILLEN ÖRTCHENS

primus verlag

Die Deutsche Nationalbibliothek verzeichnet diese Publikation in der Deutschen Nationalbibliografie; detaillierte bibliografische Daten sind im Internet über http://dnb.d-nb.de abrufbar.

Überarbeiteter und mit neuen Abbildungen versehener Auszug aus dem im Primus Verlag erschienenen Band *Wasserthron und Donnerbalken*
Gedruckt auf säurefreiem und alterungsbeständigem Papier

Einbandgestaltung: Jutta Schneider, Frankfurt
Einbandabbildung: picture-alliance/ZB; © dpa-Report
Layout, Gestaltung und Satz: Anja Harms, Oberursel
Printed in Germany

www.primusverlag.de

ISBN: 978-3-89678-828-3

INHALT

VORWORT | 6

ANTIKE: ELITÄRE RAFFINESSE BEI DEN HOCHKULTUREN | 7
Erste Spuren | 8
Roms Umgang mit seinen Fäkalien | 14

MITTELALTER: GLANZ UND ELEND | 23
Auf dem Land | 24
In der Stadt | 26
Ritterlicher Rückzug | 34
Klösterliche Askese | 38

NEUZEIT: WEITERENTWICKLUNG UND VERFEINERUNG | 43
Der König auf dem Thron | 44
Der Bürger auf dem Thron | 48
Öffentliche Bedürfnisanstalten in europäischen Städten | 64

BLÜTENDUFT: DER HYGIENISCHE MENSCH | 73
Ein Ort des Wohlgeruchs | 74
Die Geschichte des Klopapiers | 84

ANHANG | 93
Literatur in Auswahl | 94
Anmerkungen | 95
Bildnachweis | 96

VORWORT

„Die Geschichte der Menschen
spiegelt sich in der Geschichte der Kloaken wider."
Victor Hugo in: *Les misérables*

Hat das stille Örtchen in der Geschichte des Menschen etwas zu suchen? Ist seine Bedeutung wirklich so hoch einzustufen, wie es Victor Hugo tut? Wer heutzutage Fragen hat, sucht im Internet nach Antworten. Google liefert unter dem Stichwort Toilette über 16 000 Links (2009), und das Online-Lexikon Wikipedia bietet einen attraktiven Einblick in das Thema. Auch einen wahren Bildersegen kann man im Internet finden.

Ein Blick ins Wörterbuch zeigt, dass der Mensch den Ort menschlicher Erleichterung mit einer Vielzahl von Begriffen versah bzw. versieht: Abort, Abtritt, Donnerbalken, Klosett, Bedürfnisanstalt, Latrine, Lokus, Nummer Null, Scheißhaus, Pissoir oder Pinkelbude sind nur eine kleine Auswahl. Schon diese sprachliche Vielfalt macht deutlich, dass das stille Örtchen im Alltag durchaus einen wichtigen Stellenwert einnimmt, was sich auch statistisch festmachen lässt: Im Durchschnitt verbringen wir fast ein Jahr unseres Lebens auf dem Lokus.

Die Toilette mit Wasserspülung ist für uns heute eine Selbstverständlichkeit. Aber seit wann gibt es überhaupt wassergespülte Toiletten? Woher kommt die Bezeichnung WC? Warum sitzen wir allein auf der Toilette? Die Römer kannten im Gegensatz dazu öffentliche Bedürfnisanstalten, in denen sich Dutzende von Menschen gleichzeitig Erleichterung verschaffen konnten. Die Atmosphäre muss dabei locker gewesen sein, keine Spur von Peinlichkeit. Man nutzte die Zeit zu einem Schwatz oder zum Austausch von Klatsch. Und, dies überrascht am meisten, die Trennung nach Geschlechtern war wohl unbekannt. War die „Sitzung beendet" ... da sind wir schon bei der nächsten Frage: Kannten die Römer das Toilettenpapier?

Durch alle Zeiten bietet das Thema reichen Stoff und tiefe Einblicke in die jeweilige Kultur. So parlierte der französische König Ludwig XIV. mit seinen Beratern, während er auf dem Nachttopf saß. Und auch das angeblich finstere Mittelalter hat ein gewisses Maß an Sauberkeit gesucht: In Klöstern fanden sich wassergespülte Aborte.

Dieses und anderes findet sich in der vorliegenden Kulturgeschichte des stillen Örtchens. Es handelt sich dabei um eine kurze Einführung in das Thema, um ein *amuse-bouche*, wie die frankophone Welt zu sagen pflegt. Wer tiefer einsteigen will, der sei auf die Literatur im Anhang verwiesen und nicht zuletzt auf mein Buch *Wasserthron und Donnerbalken.*

ANTIKE: ELITÄRE RAFFINESSE BEI DEN HOCHKULTUREN

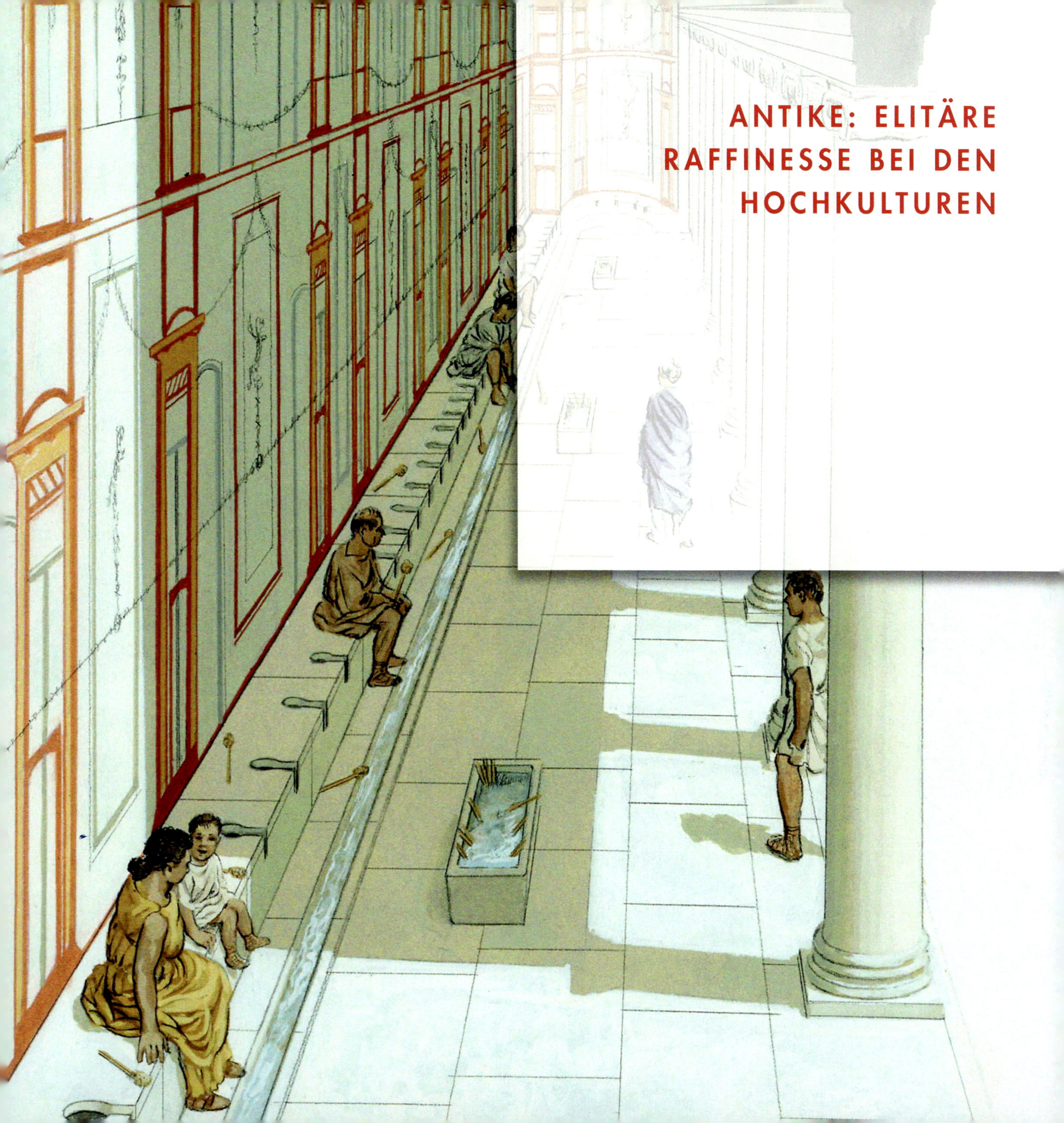

Erste Spuren

Einen eigentlichen „Erfinder" des stillen Örtchens kann man nicht nennen. Zunächst begannen die Vorkehrungen vermutlich einfach, nämlich mit einem Loch. Solange die Israeliten noch Nomaden waren und in Lagern lebten, sicherten strenge hygienische Vorschriften die Reinhaltung des jeweiligen Lagerbodens. Jeder musste seine Bedürfnisse außerhalb des Lagers erledigen und körperliche Ausscheidungen sofort vergraben. Im Alten Testament liest sich das so:

„Auch sollst du außerhalb des Lagers einen abseits gelegenen Ort haben, zu dem du hinausgehst. Ferner musst du unter deinen Geräten einen Pflock haben [in anderen Übersetzungen besser als ‚Schäuflein' bezeichnet]. Wenn du also hinausgehen und austreten musst, dann grabe ein Loch und decke deinen Unrat wieder zu. Denn der Herr, dein Gott, geht in deinem Heerlager umher, um dir zu helfen und deine Feinde zu unterwerfen. Darum sei dein Heerlager heilig; er schaue bei dir nichts Widerliches, damit er sich nicht von dir zurückziehe." (5. Buch Moses, Deuteronomium, Kapitel 23, Vers 13 bis 15)

Wer viel Zeit in der freien Natur verbringt, den erstaunt diese Regelung nicht. Der wichtigste Leitsatz des Outdoor-Lebens lautet heute noch: „Grabe ein Loch, wenn du deine Notdurft verrichtest!" In der Erde können Exkremente viel rascher abgebaut werden als an der Oberfläche. Abschwemmungen in nahe gelegene Gewässer wie auch die Verschleppung von Krankheitserregern durch Insekten, die sich auf den Kot setzen, werden vermieden.

Die Beseitigung von Abfällen aller Art und insbesondere von Exkrementen war unproblematisch, solange die Menschen in kleinen Gruppen zusammenlebten oder als Nomaden häufig den Aufenthaltsort wechselten. Schwieriger wurde die Sache, als die Menschen sesshaft wurden. Jetzt war es nicht mehr möglich, einfach ein Loch zu graben und dies wieder zuzuschütten. Ganz offensichtlich kam man an verschiedenen Orten zur gleichen Lösung: die Fäkalien mithilfe von Wasser wegzuspülen. Die folgende kurze Übersicht über erste Spuren in Sachen Toilette ergibt sich wesentlich aus archäologischen Ausgrabungen, denn schriftliche oder bildliche Hinweise dazu sind selten.

Orkney-Inseln

Die aus der Steinzeit stammende Siedlung Skara Brae auf den Orkney-Inseln hat vermutlich die ältesten „Toilettenanlagen" der Welt. Sie gehen auf das Jahr 2800 v. Chr. zurück. Nischen waren dort in die massiven Steinwände der Häuser eingebaut, von denen Abzugsgräben wegführten. Die Schlussfolgerung, dass es sich dabei um Aborte handelte, liegt nahe, lässt sich aber mit letzter Sicherheit nicht belegen.

Pakistan/Indien

Um die Mitte des 3. Jahrtausends v. Chr. entstand im Gebiet des etwa 3200 Kilometer langen Indus eine Hochkultur, die sogenannte Induskultur. Sie war vergleichbar entwickelt wie die Hochkulturen in Ägypten, Mesopotamien oder China. Mohenjo Daro (400 Kilometer nördlich von Karachi) war eine der größten Städte jener Zeit. Sie setzte sich aus zwei Teilen zusammen: einer höher gelegenen Zitadelle im Westen und der Unterstadt im Osten. In der Zitadelle entdeckte man ein sieben mal zwölf

Meter großes Becken, das als das früheste öffentliche Bad beschrieben wird. Die Häuser der Unterstadt enthielten Baderäume und Toiletten, die sich in einer Nische befanden. Diese Toiletten wurden wohl um 2500 v. Chr. erbaut und besaßen eine Besonderheit: Es waren die ersten Sitztoiletten im „westlichen" Stil. (Dazu ein Wort der Erklärung: Im Alten Orient war bei der Verrichtung der Notdurft die Hockstellung üblich und nicht die Stellung im Sitzen.) Diese Sitztoiletten waren sehr sorgfältig aus Ziegelsteinen gemauert und mit einem hölzernen Sitz ausgestattet. Jede Toilette hatte eine eigene, senkrechte Abflussrinne, durch welche die Exkremente in einen Abwasserkanal oder in eine Senkgrube geleitet wurden. Toiletten und Baderäume verfügten über eine ausgeklügelte Wasserversorgung. Das Wasser wurde aus dem nahen Fluss Indus bezogen und mittels Rohrleitungen, die mit Bitumen abgedichtet waren, zugeführt.

Es zeigt sich hier ein wichtiges Element für die Geschichte der Toilette: Erst Reichtum an Wasser ermöglicht einen „verschwenderischen" Umgang. Größere Siedlungen, die nahe am Wasser lagen, nutzten das kostbare Nass nicht nur als Trinkwasser, sondern auch als ein ideales Medium der Entsorgung. Dafür betrieb man einen hohen Aufwand, denn ein Leitungssystem musste das saubere Wasser zuführen und das verschmutzte Wasser wegführen. Fehlten diese Voraussetzungen, gab es auch keine wassergespülte Toilette.

Vorderasien (Mesopotamien)

Um 2400 v. Chr. entstanden sieben Sitztoiletten aus Backsteinen im Nordpalast von Esnunna (Tell Asmar). Diese Toiletten waren nebeneinander aufgereiht, man verrichtete seine natürlichen Bedürfnisse also in Gesellschaft. Asphaltverkleidete Rinnen verbanden die Toiletten mit einem gemauerten Abwasserkanal, der unter den Toiletten durchführte. In einem Wassergefäß, das neben jeder Sitztoilette stand, befand sich eine Schöpfkelle aus Ton. Dieser Luxus war allerdings nur bei den Wohlhabenden zu finden. In den einfachen Häusern hat man bisher keine Toiletten gefunden, und nur in seltenen Fällen gab es Abwasserkanäle.

Um das Jahr 1350 v. Chr. übernahmen die Assyrer die führende Rolle im Norden Mesopotamiens. Der Palast des assyrischen Königs Sargon (722–705 v. Chr.) wies sechs Toilettenräume mit Sitzen auf; auch hier setzte man sich auf die Toilette und hat sich nicht hingekauert.

Ägypten

Als der Grieche Herodot (484–425 v. Chr.) nach Ägypten reiste, fiel ihm auf, dass die Ägypter in ihren Wohnhäusern über Abtritte verfügten und nicht – wie in Griechenland zu jener Zeit – die Notdurft im Freien verrichteten. Er schreibt: „Den Urin lassen die Frauen in Ägypten im Stehen, die Männer im Sitzen. Ihre Notdurft verrichten sie in den Häusern, das Essen nehmen sie draußen auf der Straße ein. Dafür geben sie als Grund an: das Hässliche, aber Notwendige, müsse man im Verborgenen tun, das Nichthässliche offen."[1]

Es ist sehr wahrscheinlich, dass die Ägypter nicht nur zur Zeit Herodots über Abtritte in ihren Wohnungen verfügten. Zumindest in den gehobeneren Haushalten waren wohl Toiletten vorhanden. Dies wird durch Hausmodelle aus Gräbern des Alten Reiches bestätigt: zwei aufrecht stehende Blöcke – in Wirklichkeit sicher aus Stein – und dazwischen ein Spalt, in den ein zur Hälfte mit Sand gefülltes Gefäß gestellt wurde. In Achet-Aton (el-Almarna), der Hauptstadt des Ketzerkönigs Echnaton (1364–1347 v. Chr.), wurde eine Toilette mit einem Sitz

Ägyptischer Latrinensitz aus Kalkstein
um 1346–1337 v. Chr.;
Fundort ist Tell el-Amarna.

aus Kalkstein gefunden. Diese Sitztoilette besaß eine schlüssellochförmige Öffnung und wahrscheinlich ein großes, herausnehmbares Gefäß, das als Auffangbecken diente. Bei anderen Toiletten bestand der Sitz aus einem Brett, das über einen Ziegelsteinsockel gelegt war und an beiden Seiten mit Mulden zum Lagern von Sand versehen war, der nach Gebrauch in die Toilette geschüttet wurde.

Eine ägyptische Spezialität war die tragbare Toilette: Unter einen hölzernen Stuhl mit einem breiten Schlitz in der Mitte konnte bei Bedarf eine hölzerne Kiste oder ein Tongefäß geschoben werden. Auch billigere Körbe wurden als Auffangvorrichtung genutzt. Nachttöpfe wurden als Grabbeilagen in Ägypten ebenfalls gefunden.

Kreta und Santorin

Höchsten hygienischen Ansprüchen wurde das Latrinensystem gerecht, das die Minoer auf Kreta entwickelt hatten. Im Palast von Knossos, der aus der Mitte des 2. Jahrtausends v. Chr. (ca. 1700/1650 bis ca. 1425 v. Chr.) stammt, entdeckte der britische Archäologe Sir Arthur John Evans (1851–1941) einen Raum von zwei Metern Länge und einem Meter Breite, also etwa die Größenordnung unserer heutigen Toiletten. An der Wand machte man Spuren eines hölzernen Sitzes ausfindig. Unter dem Boden des Raumes fand sich ein tiefer liegender schräger Boden, der mit Wasser bespült wurde und jeglichen Unrat fortschwemmte.

Lange Zeit stand Knossos im Mittelpunkt des archäologischen Interesses, bis Ausgrabungen in den 60er-Jahren des 20. Jahrhunderts auf Santorin (Thera) sensationelle Funde ans Tageslicht brachten. Bei der Ortschaft Akrotiri kamen die Ruinen einer Stadt zum Vorschein, die um 1600 v. Chr. von einer Vulkan- und Erdbebenkatastrophe heimgesucht worden war. In diesem Pompeji der Ägäis hat man in Häusern von wohlhabenden Bürgern auch wassergespülte Toiletten gefunden. Im sogenannten „Westhaus“ fand man ein Sitzklosett, das aus einer einfachen Sitzbank mit einem engen Schlitz bestand. Eine Tonröhre, die in die Außenmauer des Westhauses eingelassen war, nahm Abwasser und Fäkalien auf und leitete sie in eine Senkgrube.

Griechenland

Der hohe Standard der minoischen Kultur war im klassischen Griechenland (510–404 v. Chr.) nicht zu finden. Wenn der Dichter Hesiod, der im 8. Jahrhundert v. Chr. lebte, in seinem Buch Werke und Tage noch den schlichten Rat erteilte, nicht an einer Quelle seine Notdurft zu verrichten, so genügte dies zu Lebzeiten des Sokrates (um 470–399 v. Chr.) nicht mehr. Die Entwicklung von Gemeinschaften zu Stadtstaaten (*Poleis*) konfrontierte auch die Griechen mit städtebaulichen Problemen, zu denen die Abfallentsorgung gehörte.

Das klassische Athen scheint nie eine sehr saubere Stadt gewesen zu sein. „Wenn man auf der Straße einen Stein aufhebt, um einen kläffenden Hund zu verscheuchen“, heißt es in einem Stück von Aristophanes, „läuft man Gefahr, sich die Finger mit Exkrementen zu besudeln.“ In dieses Bild passt auch die (Un)sitte, den Inhalt des Pisstopfes einfach aus dem Fenster zu schütten. Zweifelsohne war der Nachttopf ein sehr gebräuchliches Utensil bei den Griechen. Aber auch die Toilette war nicht unbekannt. Die meisten Häuser der Wohlhabenden hatten wohl spätestens in hellenistischer Zeit (3. bis 1. Jahrhundert v. Chr.) die eine oder andere Form einer Toilette. Häufig bestand sie in einer Sitzvorrichtung, die auf einen Topf gesetzt wurde oder aus einem Topf ohne Aufsatz. Es gab aber auch fest montierte Klosetts an der Außenwand von Häusern, die aus einer Abtrittschüssel und einer Sitzvorrichtung bestanden. Eine Ausgussöffnung führte dabei zu einem Durchlass in der Hausmauer und entleerte den Inhalt der Schüssel in den Straßengraben oder die Kanalisation. Da die gefundenen Abtrittschüsseln zu schwach zum Draufsitzen, jedoch als reines Urinal zu groß dimensioniert waren, vermutet man, dass sich eine Sitzvorrichtung mit Loch über der Abtrittschüssel befand. Diese Sitzgelegenheit wird aus Holz konstruiert gewesen sein und im Laufe der Zeit zerfallen sein, sodass heute keine Spuren mehr sichtbar sind.

Interessanterweise fanden sich in der Metropole Athen bislang keine öffentlichen Toiletten. Unbekannt dürften Einrichtungen dieser Art gleichwohl nicht gewesen sein, fand man doch etwa im griechischen Milet in Kleinasien beeindruckende öffentliche Toilettenanlagen aus dem 6. Jahrhundert v. Chr.

Heute noch nachweisbare Anlagen zur Abwasser- und Fäkalienbeseitigung in Athen gehen auf das 5. Jahrhundert v. Chr. zurück. Es sind einfache, rechteckige Sickerschächte, denen zum Teil eine Verkleidung der Wände fehlte, sodass nur noch Bodenverfärbungen den Archäologen den Standort einer Fäkaliengrube anzeigen. Andere Schächte wiederum wiesen eine Verkleidung aus Mauerwerk auf. Die Sickergruben lagen sowohl in den Höfen der Häuser als auch auf der Seite der Straße. Die Reinigung der häuslichen Sickergruben war der Eigeninitiative der Besitzer überlassen, während die Agora und die Hauptstraßen unter der Aufsicht von städtischen Beamten standen und von privaten Abfuhrunternehmen, den „Kotsammlern" (*Koprologoi*), gereinigt wurden.

Immer häufiger begannen die Athener indessen auch die Sickergruben durch ein Kanalisationsnetz zu ersetzen und gleichzeitig eine Wasserversorgung aufzubauen. Anfänglich bestanden die Frischwasserkanäle aus einfachen, gemauerten Kalksteinsetzungen, später verlegte man in den Kanälen Tonröhren. Im Bereich der Agora erhielt der Hauptsammelkanal der Kanalisation von den Archäologen den Namen *Great Drain* (Großer Kanal). Die Innenhöhe dieses Kanals betrug immerhin einen Meter und in ihn ergoss sich neben dem Regenwasser und den häuslichen Abwässern auch das überschüssige Brunnenwasser.

Attische Trinkschale um 480 v. Chr.
Das Innenbild zeigt eine
Hetäre über einem Nachttopf.

Roms Umgang mit seinen Fäkalien

Im alten Rom kannte man die Seife nicht, doch wusste man sich mit einem Ersatzstoff zu helfen. So wuschen die Legionäre und die ärmere Bevölkerung ihre Wäsche mit Urin. Durch den Ammoniak im Urin konnte der speckige Schmutz beseitigt werden. Eine besondere „Gilde", die Fullonen, hatte sich auf das Waschen spezialisiert. Abbildungen aus Pompeji zeigen, wie der Waschvorgang in Trögen oder Bottichen durch Stampfen der Wäsche mit bloßen Füßen vorgenommen wurde. Um an den benötigten Urin zu kommen, stellten die Fullonen große irdene Gefäße an den Straßenecken auf. Diese holten sie ab, wenn sie von den Passanten gefüllt waren.

Auch Gerber, Walker und Färber brauchten Urin als wertvollen Roh- und Zusatzstoff zur Ausübung ihres Gewerbes. An günstig gelegenen Orten in der Stadt stellten sie Amphoren (*vasae curtae*) auf, deren Hals zur bequemeren Benutzung abgeschlagen war. Die Unternehmer dieser „Latrinenindustrie" gehörten zu den *mercatores*, d. h. zu den Kaufleuten und Händlern. Sie wurden unter Kaiser Vespasian (69–79) besteuert. Als sein Sohn Titus ihm deswegen Vorwürfe machte, soll ihm Vespasian eine durch diese Sondersteuer eingenommene Münze unter die Nase gehalten haben und die berühmten Worte gesprochen haben: „*(Pecunia) non olet*" – es (Geld) stinkt nicht (Suetonius, *De vita Caesarum*, Vespasian 23,3).

Gestank in der Großstadt

Das Geld verschwand in den Taschen des Kaisers, nicht aber der Gestank aus Roms Straßen. Besonders schlimm war es um die Elendsviertel der Stadt bestellt, in denen es zahllose Mietshäuser gab. Das antike Rom war eine pulsierende Großstadt. Roms Bevölkerung zählte in den ersten beiden Jahrhunderten nach Christi Geburt rund 1–1,5 Millionen. Das Besondere dabei ist jedoch nicht die Größe, die mit modernen Großstädten des 20. Jahrhunderts verglichen werden kann, sondern die Tatsache, dass die Menschen auf engstem Raum zusammen leben mussten: Im Rom der Kaiserzeit kamen rund 110 000 Einwohner auf einen Quadratkilometer, mehr als im alten Alexandria, in dem sich etwa 76 000 Einwohner auf dem Quadratkilometer drängten.

Die Stadt Rom wuchs immer stärker auch in die Höhe, es entstanden immer mehr Mietskasernen. Viele hatten sechs und mehr Stockwerke. In den meisten Fällen waren die Wohnungen klein, ungemütlich, finster und ohne jeglichen Wohnkomfort. Folgt man dem Dichter Marcus Valerius Martialis (um 40 bis ca. 104), so stellten oft ein Krug, eine Matte, eine Wanze, ein Haufen Stroh als Bettlager den einzigen Hausrat und eine kurze Toga den einzigen Schutz gegen Kälte dar. Da die Mietshäuser in der Regel kein fließendes Wasser hatten und auch ein Anschluss an die Kanalisation fehlte, war die Versuchung groß, Abfälle und anderen Unrat auf dem leichtesten Weg zu entsorgen. Im Schutz der Dunkelheit wurde allerlei aus dem Fenster geworfen. Häufig sind in juristischen Dokumenten aus dieser Zeit Hinweise auf das Entleeren von Nachttöpfen zu finden. Der römische Satiriker Juvenal (um 65 bis ca. 128) warnte denn auch die ironisch, man solle bloß sein Testament machen, bevor man sich nachts unter Fenstern bewege.

Cloaca maxima

Als *Cloaca maxima* wird der bekannteste römische Abwasserkanal bezeichnet. Der Sage nach soll der etruskische König Tarquinius Priscus (616–578 v. Chr.) den Auftrag zur Trockenlegung der Sümpfe zwischen den verschiedenen, später zur Hauptstadt Rom zusammengewachsenen etruskischen Ortschaften gegeben haben. Die Entwässerungsanlage soll ursprünglich eine mit Steinen ausgekleidete offene Rinne gewesen sein. Nachfolger des Tarquinius erweiterten den Kanal. Entsprechend der weiteren Ausdehnung von Rom wurden neue Kanäle angelegt, von denen ein kleiner Teil direkt in den Tiber mündete, der größte Teil aber dem Hauptkanal zugeführt wurde, der somit zum Sammelkanal, zur *Cloaca maxima* wurde. Die *Cloaca maxima* nahm bis in die jüngste Zeit alles Wasser und Abwasser aus den ältesten Gebieten Roms auf und führte es dem Tiber zu. Aus dem gewundenen Lauf der *Cloaca maxima* schließt man, dass es sich um einen kanalisierten Fluss handelt, der später abgedeckt wurde. Die Sohle der *Cloaca maxima* besteht aus Polygonsteinen aus Lava, die Wände bestehen aus Tuffquadern von 2,5 Meter Länge, 0,8 Meter Höhe und einem Meter Breite. Sie waren nicht verfugt, sondern im Innern durch mit Blei eingelassene Eisenklammern befestigt. Das Gewölbe ist ein Tonnengewölbe, das sieben bis neun aus Kalkstein bzw. Travertin bestehende Schichten trägt. Unter Kaiser Augustus (63 v. Chr.–14 n. Chr.) nahm der Kanal nach Ausbesserungsarbeiten und Anschluss von Nebenkanälen am Ende vier Meter Breite ein. Die Distanz vom Wasserspiegel bis zum Scheitelpunkt des Gewölbes betrug 4,20 Meter. Römischen Schriftstellern zufolge hätte ein voll beladener Heuwagen hindurchgepasst. Zur Reinigung der *Cloaca maxima* wurden Kriegsgefangene und Sträflinge eingesetzt.

Rekonstruktion der Kanalisation
und Wasserversorgung im antiken Rom.
Oben: Ausgrabung
Mitte: Wasserleitungssystem unter einer Straße
Unten: *Cloaca Maxima*

Secundus hic cacat

Auch wer des Lateinischen nicht mächtig ist, errät den Inhalt dieser Inschrift aus Pompeji, zumal sich das Schlüsselverb lautmalerisch nicht verändert hat. Viele Begriffe rund um das stille Örtchen und sein „Geschäft" verraten heute noch ihre Herkunft aus dem Lateinischen: Der fachmedizinische Begriff *sterkoral* (kotig) lässt sich auf die römische Bezeichnung *stercus* für Kot zurückführen; Abort ist abgeleitet von *abitorium* (von *abire* = abtreten) und Latrine vom lateinischen *latrina* (abgeleitet von *lavatrina* = Waschraum). Die Bezeichnung *latrina* für einen Abtritt findet sich bei Plautus um 180 v. Chr. und bei Suetonius um 120 n. Chr.

Auf welchem Weg auch immer die Fäkalien auf die Straße und in den Rinnstein gelangten, entsorgt waren sie damit nicht. Nicht alle Straßen verfügten über eine Kanalisation, und viele Kanäle wiesen zudem nur ein geringes Gefälle auf. Bald sammelte sich so viel Unrat an, dass er aufgrund der intensiven Geruchsbelästigung beseitigt werden musste. Agrippa, Intimus von Kaiser Augustus (63 v. Chr.–14 n. Chr.), ließ wegen des pestilenzartigen Gestanks, der aus den unterirdischen Kanälen aufstieg, im Jahr 32 v. Chr. die Kloaken gründlich reinigen. Er hatte zu diesem Zweck riesige Rückhaltebecken anlegen lassen. Mit dem Ziehen der Wehrschützen strömte der gesamte Inhalt dieser Wasserreservoire mit einem gewaltigen Schwall durch die Kanäle und riss allen Schmutz und Unrat mit sich fort. Nach dieser „Schwallspülung" befuhr Agrippa die Kanäle mit einem Boot bis zum Tiber, um sich vom Erfolg der Reinigung selbst zu überzeugen.

Verschiedene Wege der Entsorgung

Generell stellt sich die Frage nach dem üblichen Entsorgungsweg der Fäkalien und Abwässer bei Häusern ohne Kanalanschluss. Im Idealfall legte man bei Privathäusern (*domus*) Fäkalgruben an, deren regelmäßige Räumung von speziellen Beamten (Aedilen bzw. *curatores cloacarum*) überwacht wurde. Die Grubenentleerung sollte nur nachts und bei kühlem Wetter vorgenommen werden. Ihre Räumung besorgten Bauern oder Düngemittelhändler, die – jedenfalls unter Vespasian – das Recht hierzu erworben hatten. Die Händler verkauften ihrerseits den Fäkalgrubeninhalt an Gärtner weiter. „Die Gärtner benötigten diese Exkremente als Dünger für Blumen- und Gemüsebeete, die damals teilweise schon als Mistbeete bestellt wurden."[3]

Eine andere Möglichkeit der Abfallentsorgung war das Tonnensystem. Dabei wurden die Fäkalien in Tonnen gesammelt, die von Sklaven auf Äcker in der Umgebung gebracht oder in die nächste Kloake geschüttet wurden. Häufig holten auch private Abfuhrunternehmer – u. a. die bereits erwähnten Fullonen – die gefüllten Tonnen ab. Da man diese Tonnen im Erdgeschoss platzierte, war die Entsorgung der Fäkalien besonders für die Bewohner in den höheren Etagen eines Mietshauses ein mühsames Geschäft. Mitte des 4. Jahrhunderts betraf dies viele Menschen: Damals zählte Rom 46 602 Mietshäuser, in denen durchschnittlich 40 Menschen lebten. Obwohl unter Augustus für die Mietshäuserblöcke eine Höhenbegrenzung von 18 Metern (fünf Stockwerke) eingeführt worden war, wurde diese Verordnung offensichtlich nicht befolgt, denn nach dem Brand im Jahr 64 n. Chr. wurden Gesetze verabschiedet, in denen die Höhe auf 21 Meter (sechs Stockwerke) begrenzt wurde. Man stelle sich ein Hochhaus in der heutigen Zeit vor, das über kein Bad mit

Toilette, über kein fließendes Wasser und keinen Lift verfügt. Vor diesem Hintergrund wird die Beschwerlichkeit des „Toilettengangs“ für die Menschen eines Mietsblocks besser verständlich.

Öffentliche Toiletten

Über das gesamte Stadtgebiet Roms waren öffentlich zugängliche Bedürfnisanstalten – sogenannte Latrinen und *necessaria* – verteilt, die vom Staat betrieben wurden. Eine spätrömische Dokumentation (4. Jahrhundert n. Chr.) führt die Zahl von 144 Latrinen und 254 *necessaria* auf. Bei den *necessaria* dürfte es sich um recht einfache Bedürfnisanstalten gehandelt haben. Eine derartige Einrichtung aus dem 2. Jahrhundert im dicht bevölkerten Wohnviertel des äußeren Esquilin war unmittelbar von einer Straße aus zu betreten und verfügte über sieben Sitze. Aufwändiger gestaltet darf man sich die Latrinen vorstellen. Sie waren ein „Luxus“, auf den man auch in den von Rom eroberten Ländern nicht verzichten wollte. In Vaison-la-Romaine, einer unweit von Orange gelegenen Stadt in der Provence, findet sich ein typischer Vertreter dieser öffentlichen Toilettenanlagen. Sie bestand

Öffentliche Toilette in Vaison la Romaine.

Die hier dargestellte Toilettenhalle (Rekonstruktion) war mit ihren 100 Plätzen sehr groß. Als Ausgrabung ist sie noch im rückseitigen Gebiet des Largo Argentina in Rom zu besichtigen.

aus elf Sitzen, von denen neun ganz und zwei zur Hälfte erhalten sind. Die archäologischen Untersuchungen lieferten klare Antworten, warfen gleichzeitig aber auch neue Fragen auf.

„Der ganze Raum ist etwa 4 x 4 m groß … Der Boden ist mit Steinplatten ausgelegt; um drei Seiten des Raumes laufen steinerne Bänke mit den Abortsitzen. Vor den Sitzen läuft eine schmale Abflussrinne. Die Abortsitze selbst bestehen aus einer steinernen, 54 cm hohen Stirnwand und einer steinernen, 55 cm tiefen Abdeckfläche, in welche die Abortöffnungen eingeschnitten sind. Diese liegen allerdings erstaunlich nahe nebeneinander – im Mittel etwa 55–60 cm voneinander entfernt – und haben einen Durchmesser von 18 cm. Vielleicht lassen sich die geringen Maße durch eine kleinere Statur der damaligen Bevölkerung erklären. Manche Fragen bleiben ungelöst, so z. B. die Trennung der Geschlechter für die Benutzung des Abortraumes, der vielleicht überhaupt nur für Männer bestimmt war; ferner die Frage, ob Holzsitze aufgelegt waren oder Holzroste noch auf dem Boden lagen, da die Sitzhöhe verhältnismäßig hoch ist. Die Abdeckplatten der Sitze waren an den Trennfugen der Platten durch eine Art steinerne Zungenwand unterstützt. Unter allen Sitzen führte aber als wesentliche hygienische Maßnahme ein Wasserkanal durch, der an das Entwässerungssystem der Gesamtanlage angeschlossen war. Ob er dabei von einem dauernd fließenden Gewässer – was man annehmen möchte – gespeist wurde oder durch einen Wasserbehälter von Fall zu Fall, lässt sich allerdings ohne weiteres nicht mehr erkennen.“[4]

Zu den Latrinen und *necessaria* kamen zahlreiche Pissstände, die wohl in den meisten Fällen von Gerbern, Walkern oder Färbern gepachtet waren. Scheinbar stieg die Zahl der Pissstände vor allem unter Kaiser Vespasian, der damit seine Einnahmen aus der Harnsteuer erhöhen wollte. Ihm zu Ehren heißen fuß- und kopffreie Pissoirs noch heute in Frankreich *vespasiennes*. Der Komfort der römischen Pissstände war unterschiedlich und bestand nicht nur aus den bereits erwähnten Amphoren. In Herculaneum urinierte man einfach in eine 20 Meter lange Urinalrinne. Wahrscheinlich wurde der Urin in ein großes Auffangbecken geleitet, wo er zur weiteren Nutzung zur Verfügung stand.

Auffällig und aus heutiger Sicht ungewohnt ist das Bemühen der Römer, flüssige und feste Stoffe so weit wie möglich getrennt von einander zu gewinnen. Als kostbare Rohstoffe hatten Exkremente eben einen ökonomischen Wert. Nicht nur Vespasian nutzte dies aus. Kaiser Konstantin der Große (306–337) dehnte die Harnsteuer auf alle menschlichen und tierischen Ausscheidungen aus. „Das Geld aus dieser Steuer nannte man *chrysargyrum* [goldiges Geld].“[5]

Die Prachtlatrinen

Einen besonderen Stellenwert unter den öffentlichen Bedürfnisanstalten nahmen die Prachtlatrinen ein. Sie tauchen „gleich einer spontanen Erfindung … ab dem frühen 2. Jahrhundert n. Chr. … auf“.[6] Die augenfälligste Neuheit war die Zahl der Sitze: zwei Prachtlatrinen auf dem Largo Argentina Platz in Rom hatten jeweils rund 50 und 60 Sitze; in Ephesos bot eine Latrine 60 Besuchern und in Kos gar 75 Besuchern Platz. Man baute aber nicht nur größere, sondern auch schönere Latrinen, wobei diese Tendenz nicht verallgemeinert werden darf. Viele Latrinen blieben bescheidene Einrichtungen.

Bessere Luft mittels effizienter Spülung und weiter Öffnung des Daches fanden bei den Prachtlatrinen größte Beachtung. Der ehemals kleine rechteckige Abortraum öffnete sich nun weit zum Peristylhof. Bereits im 1. Jahrhundert n. Chr. entstand vor der römischen Agora in Athen eine Latrine für 68 Besucher. Vier Säulen trugen in der luftigen Höhe von sechs Metern den Dachstuhl über dem Umgang, vor dessen Rückwänden die durchgehende Latrinenbank installiert war. Der offene Hofraum maß beinahe elf Quadratmeter.

Bei einer Verbesserung der Belüftung der Latrinen ist daran zu denken, dass in der antiken Stadt die Geruchsbarrieren moderner Siphons fehlten. „Die einzig mögliche Verbesserung war durch optimale Spülung des Fäkalgrabens zu erreichen. Tatsächlich sind seit der frühen Kaiserzeit fast alle öffentlichen Latrinen wassergespült, obschon mit recht unterschiedlicher Effizienz.“[7] Durch Vermeidung von Ecken im Fäkalkanal wurde die Luftqualität nun zusätzlich spürbar verbessert.

Luft, Licht, Wasser und schöne Form, unter diesen Schlagworten können die Zielvorstellungen der Prachtlatrine zusammengefasst werden. Die Entwicklung der antiken Bedürfnisanstalt erlebte einen derartigen Schub, dass Richard Neudecker, der Autor der einschlägigen Studie *Die Pracht der Latrine* (1994), von einer „spezifisch römischen Kultur der Latrine“ spricht und meint: „Erst mit der Verbindung von Hygiene und Schönheit schafft die kaiserzeitliche Gesellschaft etwas grundlegend Neues, die Prachtlatrine. Darin liegt ihre Originalität.“[8]

In der einen oder anderen Form bedeutet Neues aber auch Veränderung. Dabei scheint sich bei der Prachtlatrine die soziale Zusammensetzung des Benutzerkreises verändert zu haben. Zwar konnte bis heute nicht belegt werden, dass hohe Gebühren als Mittel der Restriktion erhoben wurden, doch wahrscheinlich setzte sich das Publikum der Prachtlatrinen in erster Linie aus Männern zusammen, „deren Tagesablauf mehr oder weniger von ökonomischen und politischen Betätigungen bestimmt war“[9]. Diese Vermutung wird für eine Prachtlatrine in Ephesos zur gesicherten Tatsache: Sie diente einer mittelständischen Gruppe, die sich in einer Handels- und Hafenstadt wie Ephesos nicht zufällig aus Kaufleuten zusammensetzte, als regelmäßiger Treffpunkt. Der Beweis: Die Kaufleute verfügten über reservierte Sitzplätze, wie aus dazugehörigen Inschriften hervorgeht.

Sitzordnung in öffentlichen Bedürfnisanstalten

Die Tatsache, dass es reservierte Plätze in Prachtlatrinen gab, führt zu einer grundlegenden Frage für alle öffentlichen Bedürfnisanstalten der Römer: Es ist die enge Sitzanordnung, die Anlass zum Kopfzerbrechen gibt. Sie ist wirklich erstaunlich: „Sogar in den großartigsten Latrinen bleibt die durchschnittliche Distanz 50–60 Zentimeter ... Oft genug musste der Eintretende geradezu über den zunächst der Tür Sitzenden stolpern, so nahe am Eingang beginnt die Sitzbank. Völlig ungelöst blieb der Eckkonflikt, der zweifellos entstand, wenn nicht die Benutzer ihre Füße auf die Sitzflächen stellten.“[10] Obwohl die Bequemlichkeit deshalb nicht auf jedem Platz gleich war und Sitze nahe dem einströmenden Wasser geruchsfreier und sauberer gewesen sein müssen, können Ausgrabungen eine Rangordnung der Sitze innerhalb einer Latrine natürlich nur in Ausnahmefällen belegen. Doch man kann wohl davon ausgehen, dass es in den öffentlichen Bedürfnisanstalten gelegentlich zu „Positionskämpfen“ gekommen ist.

Der Kunde ist König

Hat bei Streitigkeiten eine Aufsicht eingegriffen? Moderner gefragt: Gab es einen Klomann bzw. eine Klofrau? Die Ansichten der Historiker gehen auseinander: Die einen interpretieren die *vestibula* als ein Wärterhäuschen des *conductor foricae* und sehen in ihm einen Kontrolleur, der Eintrittsgelder erhob und nach dem Rechten sah. Fest stehen sein geringes soziales Ansehen und die Tatsache, dass es sich um einen Männerberuf handelte. Wahrscheinlich ist, dass seine Hauptaufgabe darin bestand, Minutalia und Sitzmatten aus Stroh den Benutzern zur Verfügung zu stellen. Bei den Minutalia handelt es sich um eine Sammelbezeichnung für alle „Hilfsmittel", die zur Verrichtung der Notdurft nötig waren. In den Schriftquellen wird nur der Schwamm erwähnt. Gebräuchlich waren aber auch Stofflappen, während Toilettenpapier unbekannt war. Das Putzen des Hinterns, wie es einige wenige Zeugnisse überliefern, konnte von einem Sklaven übernommen werden. Die Hände wurden übrigens nach dem Gang zur Toilette in einem Wasserbecken oder in einer Wasserrinne gewaschen, die vor den Sitzen durchlief. Über weitere Einzelheiten zur Toiletten-Hygiene fehlen eindeutige Quellenbelege.

Zwei Auffälligkeiten der öffentlichen Bedürfnisanstalten sind noch zu erwähnen: Zum einen scheint es nur ausnahmsweise eine Trennung nach Geschlechtern gegeben zu haben. Sie wird bei sogenannten Doppelanlagen vermutet, wo über ein Vestibül zwei Toilettenräume zu erreichen waren. Eine solche Anlage mit einem Raum von 40 bzw. 17 Sitzen wurde außerhalb Pergamons gefunden. Der kleinere Toilettenraum wird gern als Frauentoilette bezeichnet. Weil die Installationen jedoch keinen Beweis für eine Geschlechtertrennung liefern können, bleibt dies hypothetisch. Einige Historiker vermuten gar, dass es nur in Ausnahmefällen öffentliche Bedürfnisanstalten für Frauen gegeben hätte. Es stelle sich nämlich in Anbetracht der häuslichen Lebensweise der Frau in der römischen Kaiserzeit grundsätzlich die Frage, ob Frauen sich häufig in der Öffentlichkeit zeigten. Zu erklären gilt es dann aber, warum Frauen – „und zwar auch ehrenwerte Matronen, wie etwa die Mutter des Augustus"[11] – die Thermen, aber keine öffentlichen Bedürfnisanstalten aufsuchten.

Eine zweite Auffälligkeit betrifft die Schamgrenze, die anders verlaufen zu sein scheint. Die enge Sitzanordnung führte bei der Benutzung der antiken öffentlichen Latrine zu einer körperlichen Nähe, die scheinbar keine Berührungsängste kannte. Ein kleiner Schwatz mit dem Nachbar (oder der Nachbarin?) stellte sich fast von selbst ein. Nicht selten wurde die öffentliche Toilette als Ort der Begegnung gezielt aufgesucht: Martial spricht in seinen Epigrammen von Schmarotzern, die sich hier zum Essen einladen ließen oder von einem Dichter, der seine Lyrik vortrug. Auch wenn man in diesen Aussagen eine ironische Überspitzung sehen kann, so zeigen sie doch auch in aller Deutlichkeit das Eine: In der römischen Kultur waren die öffentlichen Bedürfnisanstalten ein Ort der Begegnung. Kurzum: Das stille Örtchen war bei den Römern ein kommunikatives Örtchen.

Die Privattoilette

In dieses Bild passt auch die Privattoilette im römischen Haushalt, der wir uns zum Schluss nochmals zuwenden. In Herculaneum verfügten fast alle Häuser, oft sogar die Wohnungen im Obergeschoss, über Toiletten. Üblich waren Einzelsitzer in oder neben der Küche, unter Treppen, in Hofwinkeln und in Werkstätten. Demnach waren sie meist klein, dunkel und dem Blick entzogen. Die Toilette wurde in erster Linie von den Bediensteten benutzt. „Die

Der Nachttopf als treuer Begleiter

Im Prinzip war es seit der Herstellung von irdenen und hölzernen Gefäßen möglich, einen Topf als Nachtgeschirr zu benutzen. Die Griechen sprachen von tragbaren Vasen (*skaphia*), um den Nachttopf zu bezeichnen. Sie kannten aber auch *amides*, Krüge mit Henkel und schnabelförmigem Aufsatz. Dieser Aufsatz erleichterte die Benutzung des Nachtgeschirrs und ermöglichte das Ausgießen, ohne sich dabei die Hände zu beschmutzen. Bei den Römern gibt der Begriff *sellae perforatae* (geschlitzter Sitz/Stuhl) Hinweise auf das Aussehen. Der Gebrauch des Nachttopfes war selbst in Kreisen der römischen High Society üblich. Ihn in aller Öffentlichkeit zu benutzen, verletzte dabei nicht das Schamgefühl, galt jedoch als plebeijisch. Überliefert ist eine derartige Szene von Petronius Arbiter (†66). Er gilt als Verfasser des Satyrikon und schildert im Gastmahl bei Trimalchio folgende Szene:„Noch während Menelaus sprach, schnippste Trimalchio mit den Fingern. Das war das Zeichen für den Eunuchen, ihm mitten im Spiel den Nachttopf unterzuhalten. Sobald er seine Blase entlastet hatte, verlangte er Wasser für die Hände, besprengte sich damit ein wenig die Finger und rieb sie im Haar eines Sklaven trocken ..." Kostbare Nachttöpfe dienten im Übrigen als Zeichen der Distinktion: Kaiser Nero (37–68) besaß einen goldenen.

Herrschaft bevorzugte die Lasana oder Colocyntha, tragbares Toilettengeschirr, dessen Bereitstellung als besonders erniedrigender Sklavendienst galt. Die Installationen sind praktisch und unbequem. Eine Sitzfläche aus Stein oder öfter aus Holz ist mit der notwendigen runden Öffnung über der Fäkalgrube versehen. Die senkrechte Vorderseite des Sitzes wurde nicht geschlossen. Man verzichtete darauf, die dahinter eingetiefte Grube zu verbergen, um die Körperreinigung zu erleichtern. Denn dazu musste einem Napf sauberes Wasser entnommen werden, mit dem man sich zweckmäßig von vorne her zwischen den Beinen hindurch säuberte."[13]

Dass sich Toiletten oft neben oder in der Küche befanden, hängt wohl mit dem Umstand zusammen, dass sie ein Abwassersystem teilten und auch zur Entsorgung von Abfällen dienen konnten. Küche und Toilette waren mit der öffentlichen Kanalisation verbunden oder, wenn es diese nicht gab, mit Senkgruben. Diese mussten von Zeit zu Zeit auf Kosten des Hausbesitzers entleert werden. Von den damaligen Toilettenanlagen im Haus muss also – zumal bei dem heißen Landesklima – ein beträchtlicher Gestank ausgegangen sein.

Gespült wurde die Toilette mit einem Eimer. Nach der Verlegung von Wasserleitungen verfügten interessanterweise nur zwölf private Toiletten in Herculaneum über eine fließende Spülung; keine von ihnen befand sich im Haus eines Reichen. Offenbar bestand für die Reichen kein Grund, den Toilettengang komfortabler zu gestalten. Sie selbst benutzten weiterhin das tragbare Geschirr.

Bei größeren Haushaltungen sah man sich veranlasst, die Zahl der Toilettensitze zu erhöhen, und es entstanden kleine Privatlatrinen. In Herculaneum brachte man bis zu sechs Löcher auf einer Sitzplatte nebeneinander an. Die gemeinsame Latrinenbenutzung war vor allem für das zahlreiche Gesinde vorgesehen. Vorzugsweise installierte man diese Latrinen hinter Nebeneingängen, z. B. im Stall, gelegentlich auch im herrschaftlichen Badetrakt. Im letzteren Fall handelte es sich immer um Ein- oder höchstens Zweisitzer.

„Flämische Haushaltung" um 1555/60 von Maerten van Cleve. Rechts im Bild wird gerade ein Kleinkind auf den Nachttopf gesetzt. Das Bild zeigt anschaulich, wie Mensch und Tier auf engem Raum zusammenlebten.

MITTELALTER: GLANZ UND ELEND

Auf dem Land

Gut 90 Prozent der europäischen Bevölkerung lebten im Mittelalter auf dem Land. Am Ende des Mittelalters zählte man im Deutschen Reich zwar 3000 Städte, doch 2800 von ihnen waren Ackerbürgerstädte und hatten nur bis zu 1000 Einwohner. Lediglich 15 Städte überschritten die Grenze von 10 000 Einwohnern. Köln war die größte Stadt des Reiches mit 30 000 Einwohnern, gefolgt von Lübeck mit rund 25 000.

Bei der ländlichen Lebensweise und der geringen Bevölkerungsdichte – um 700 lebten 2,7 Menschen auf einem Quadratkilometer, im frühen 14. Jahrhundert sieben Menschen auf einem Quadratkilometer in Europa – war die Entsorgung der Fäkalien im Grunde kein nennenswertes Problem. Fäkalien waren begehrt, denn in der mittelalterlichen Landwirtschaft war Dünger ein knappes Gut. Die intensive Landwirtschaft mit ihrem ungeheuren Einsatz von (Kunst)Düngern ist eine Erscheinung des 20. Jahrhunderts. Es liegt auf der Hand, dass die Bauern im Mittelalter tierische wie menschliche Exkremente sammelten und als wertvollen Rohstoff handelten. Der hohe Stellenwert des Mists im Mittelalter zeigt sich auch ganz deutlich daran, dass im 12. Jahrhundert Pächter manchmal einen Topf Taubenmist – eine Kostbarkeit – als Grundzins zu entrichten hatten.

Man verrichtete seine Notdurft auf dem Feld oder – wenn überhaupt im Verborgenen – „hinterm Busch“. Im bäuerlichen Gehöft war der Ort für die Notdurft mit Vorliebe – im Winter vor allem auch wegen der Wärme – in den Stallungen und Pferchen der Nutztiere. In Regionen, in denen zweistöckige Bauernhäuser gebaut wurden, die im Erdgeschoss den Stall und im Obergeschoss die Wohnstätte hatten, ließ man bisweilen die Fäkalien direkt durch ein Loch im Zwischenboden in den Stall plumpsen. Bei Nichtgebrauch konnte dieser „Lokus“ mit Brettern verdeckt werden.

Eventuell hatte man auch schon einen speziellen Ort, nicht allzu weit vom Haus entfernt, gewählt, dort eine Grube gegraben und diese vielleicht sogar mit einem Sitz und einer Überdachung ausgestattet. „Abortanlagen mit Sitzgelegenheiten scheinen aber in den Dörfern und Gehöften der bäuerlichen Bevölkerung frühestens im 16. Jahrhundert aufgekommen und erst im 19. Jahrhundert zur Regel geworden zu sein.“[13]

Die bäuerliche Welt war „eine einfache und primitive Welt“[14]. Es gilt diese Aussage zu differenzieren, denn auch in der bäuerlichen Welt waren die Unterschiede zwischen Reich und Arm immens. Eine einmalige Quelle des bäuerlichen Lebens im Spätmittelalter stellt die Luzerner Chronik des Diebold Schilling (um 1500) dar. Darin findet sich u. a. die Abbildung einer Bauernstube, in der sich ein Bett und darunter ein währschafter Nachttopf befinden. Offensichtlich legte man auf eine gewisse Bequemlichkeit wert und wollte in der Nacht nicht das Zimmer verlassen, um sich zu erleichtern. Das scheint verständlich, zumal der nächtliche Gang ins Freie mit unangenehmem Aufwand verbunden war: Man konnte nicht einfach das Licht anschalten, sondern musste sich mit einem Talglicht oder anderen Lichtquellen behelfen. Schließlich galt es, sich in kalten Jahreszeiten warm anzukleiden. Gerade wenn die Zeit drängte, waren dies lästige Erfordernisse.

Das Bild zeigt, wie der ehemalige Söldner Hans Spieß seine schlafende Ehefrau erdrosselt. Aufschlussreich ist die Darstellung mit Blick auf die Ausstattung der bäuerlichen Schlafkammer. Unter dem Bett befindet sich ein solider Nachttopf aus Holz.

„Schizkübel" und Nachttopf

Die Entsorgung war einfach, denn Misthaufen oder Stall waren nicht weit. Anfänglich bestand der „Schizkübel" aus einem hölzernen Daubengefäß; der Nachttopf aus Keramik ist erst eine Errungenschaft aus dem 16./17. Jahrhundert. Mit zwei und mehr Sitzöffnungen existierten im Spätmittelalter auch sogenannte „Scheißkisten". Es handelte sich dabei um tragbare Truhen, die in den Wohnräumen aufgestellt werden konnten und vom Gesinde nach Bedarf geleert und gereinigt werden mussten. In der Frühen Neuzeit versah man solche Kisten mit Lehnen und Füßen.

Den Nachttopf als Scheißkübel oder, wie auch üblich, als „Prunzscherbe" oder „Prunzkachel" zu bezeichnen, deutet auf ein unverkrampftes Verhältnis der Landbevölkerung zu den menschlichen Bedürfnissen hin. Vielfach wiesen die Nachttöpfe scherzhafte Verzierungen und Devisen auf. Ein beliebter Hochzeitsscherz bestand darin, dem Brautpaar „Kammertöpfe" mit anzüglichen Inschriften oder Bildern zu überreichen, etwa mit einem entzückt die Augen aufreißenden Antlitz, worunter sich die Unterschrift befand: „Wenn du wüsstest, was ich sehe." In der Barockzeit war es bei wüsten Gelagen nicht unüblich, sich aus den „Brunz- und Saichkacheln" zuzutrinken. Meist waren die Nachttöpfe zu jener Zeit aus Ton, manchmal auch aus Zinn und später aus Porzellan gefertigt.

In der Stadt

Im Mittelalter war die Stadt für die Bauern, die „Nicht-Städter“, eine ungewohnte, schockierende Welt. Wer sich in der Stadt niederließ, musste zuerst mit der Fremdartigkeit des städtischen Lebens vertraut werden. Innerhalb der Mauern führte der Stadtbewohner freilich oftmals ein Dasein, das an einer ländlich geprägten Lebensform festhielt. So hielt man beispielsweise Ochsen, Kühe, Schafe und Ziegen. Schweine, Hühner und anderes Kleinvieh liefen die längste Zeit frei auf den Straßen herum. Die Tiere besorgten die Beseitigung organischer Abfälle und funktionierten in diesem Sinne als „Diener“ der Stadtreinigung. Andererseits erzeugten diese Tiere natürlich auch Mist, und der Misthaufen gehörte noch lange Zeit zum städtischen Alltag. Im Jahr 1599 zählte man im Stadtkern Nürnbergs 386 Misthaufen, darunter 25 öffentliche. Für die öffentlichen Misthaufen erhob die Stadt Gebühren und ließ die Einnahmen dem städtischen Waisenhaus zukommen.

Bis ins 19. Jahrhundert hielt man in der Stadt noch eine bedeutende Zahl von Nutztieren. Im Jahr 1855 wurden in Basel über 600 Pferde, ein Stier, drei Ochsen, 71 Kühe, 21 Schafe, 32 Ziegen und 330 Schweine gezählt. Eine Berechnung aus dem Jahr 1873 ergab für Hamburg (Alt- und Neustadt) einen Bestand von 2171 Hühnern, 77 Enten, 73 Ziegen, 32 Rindern, 17 Schweinen, sieben Schafen, sechs Gänsen, einem Esel und einem Truthahn. Die hohe Zahl der Hühner unterstreicht, dass deren Haltung selbst in der Wohnung für große Teile der Bevölkerung nichts Ungewöhnliches war.

Tierische und menschliche Exkremente, Mist und Straßendreck mischten sich besonders bei nassen Verhältnissen zu einem fürchterlich stinkenden Kot. Viele Bürger benutzten deshalb Holzschuhe mit hohen Sohlen und Absätzen. Modebewusste Bürger und Bürgerinnen schnallten lieber Holztreter („Tripper“) unter die guten Schuhe, um das teure Leder nicht dem ätzenden Dreck der Straße auszusetzen. Beschwerden über unerträglichen Gestank wurden in mittelalterlichen Städten von den Bürgern immer wieder vorgebracht, wobei auch die menschliche Notdurft ein Gegenstand war. Hans Velber klagte 1445 zu Wien, dass das *secret* des Veit Schattauer „ein tamphloch“ habe, „daraus ruche im der unflat und pos gesmachen [böser Geschmack] in sein kamer“[15]. Die geschworenen Werkleute, die vom Rat der Stadt zur Klärung der Frage bestellt wurden, entschieden, dass Veit Schattauer eine Art Rauchfang errichten müsse, um die Geruchsbelästigung einzudämmen, außerdem müssten beide Parteien für das Räumen und Instandhalten des *secrets* verpflichtet werden.

Das „secret“

Mit dem *secret* – in andern Quellen auch als *secessus*, *privet* oder *haimliches gemach* benannt – bezeichnete man einen Abort, der von den anderen Wohnräumen abgetrennt war. An manchen Häusern sieht man noch heute einen steinernen Aborterker, wie man ihn auf Burgen schon Generationen früher verwendet hat und wie man ihn im Verlauf des 13. Jahrhunderts auch in Stadthäusern anzulegen begann. Auch ein Beleg für diese örtliche Si-

Die „große Kloake“ der Stadt Basel: Hölzerne Abtritterker über dem Birsig um 1880. Heute ist der Birsig auf Kantonsgebiet von Basel-Stadt größtenteils eingedolt.

Links: In der Luzerner Diebold-Schilling-Chronik ist diese Darstellung zu finden (um 1500). Am Hauptturm, der die Brücke sichert, sind zwei Abtritterker zu erkennen. Spuren der Notdurft sind deutlich am Gemäuer auszumachen.

Rechte Seite: Ein Ausschnitt aus der Bilderreihe die „Niederländischen Sprichwörter" (1559) von Pieter Bruegel (um 1525/30–1569) dem Älteren. Aus einem am Turm angebrachten Abtrittserker ragen die Gesäße zweier Benutzer heraus. Die provokative Darstellung zeigt unmissverständlich, wozu der Erker diente.

tuation ist die Erlaubnis für die Wiener Augustiner vom Jahr 1354, ihr heimliches Gemach in einem an der Ringmauer zu erbauenden Turm unterbringen zu dürfen.

Eine andere, für den modernen Leser nicht mehr verständliche Bezeichnung für den Abort war der Ausdruck „Sprachhus“. Er bedeutete ursprünglich soviel wie Rathaus oder geheimes Besprechungszimmer und wurde später übertragen verwendet für Abtritt. Unter einem Sprachhus oder einem *privet* muss man sich nicht zwingend ein Abtritthäuschen oder einen Erker vorstellen. In vielen Fällen handelte es sich dabei um eine äußerst einfache Einrichtung im Hinterhof beim Stall. Die in den Höfen gelegenen Abtritte brauchten nicht unbedingt von einem Häuschen umgeben zu sein.

Gemeinsam war wohl allen Abortanlagen ein Sitz mit einer runden Öffnung. Der Bezeichnung *sedile* für den Abort ist die Möglichkeit des Sitzens jedenfalls zu entnehmen. Die Sitzfläche bestand aus Stein oder Holz, die Öffnung konnte häufig mit einem Holzdeckel verschlossen werden, der sowohl den Gestank als auch die kalte Zugluft abhalten sollte. Offensichtlich haben sich aber auch mehrsitzige Toiletten einer gewissen Beliebtheit erfreut. Im ländlichen Umfeld haben sie sich bis ins 19. Jahrhundert hinein gehalten.

Wenig Gedanken machte man sich in hygienischer Hinsicht. In Dürers Haus in Nürnberg befand sich der einzige Abort in der Küche, dicht neben dem Herd. Es war üblich, die Fäkalien aus dem Abort direkt oder über ein Fallrohr auf die Straße zu leiten. In Stadtteilen, die von Wasser durchströmt waren, brachte man die Aborterker kurzerhand über den Wasserläufen an. Weil dabei auf Abflussrohre verzichtet wurde, bildeten die Exkremente häufig Schlierspuren an der Mauer des Gebäudes, nicht selten führte ihr Weg an Küchen- und Schlafzim-

ABFALLENTSORGUNG IM EHGRABEN

Die simpelste Art der Beseitigung der Exkremente erfolgte in den mittelalterlichen Städten über „Ehgräben", „Reulen" „Reihen" oder „Winkeln". Hierbei handelte es sich um offene Rinnen, die auf dem Grund eines schmalen Gässchens zwischen Häuserrückseiten verliefen. An diesen Rückseiten befanden sich, Schwalbennestern gleich, die Abtrittserker, aus denen die Fäkalien unmittelbar in die Rinnen hinabfielen. In den Hinterhöfen, also gleichfalls zu den „Ehgräben" hin orientiert, befanden sich außerdem oftmals Ställe für die Kleintierhaltung. Wer über keinen eigenen Abort verfügte, wird wohl hier seine Notdurft verrichtet haben. Wegen des üblen Geruchs gab es denn nur wenige Fenster auf der Rückseite der Gebäude.

„Der Unterschied zwischen Ehgräben, Reulen, Winkeln und Reihen bestand im Wesentlichen darin, dass Ehgräben und Reihen praktisch allen Unrat aufnahmen, während Reulen und Winkeln mehr der Aufnahme von häuslichen Abwässern und Niederschlagswässern dienen sollten. In der Praxis wird man da aber wenig Unterschied gemacht haben. Im Übrigen waren Ehgräben meist in städtischem Besitz, Reulen aber Privatbesitz."[16]

Im Allgemeinen hatten die Ehgräben ein Gefälle und waren meistens zu einem System verbunden, dessen Endziel der Stadtgraben oder ein Wasserlauf war. Bei fehlendem oder zu geringem Gefälle oder auch bei Überlastung sammelte sich natürlich aller Unrat an. Dies war offenbar eher die Regel als die Ausnahme: Der Ausspruch „Stinken wie ein Ehgraben" wurde in Italien zu einer stehenden Redewendung.

Im Laufe der Zeit suchte die Obrigkeit die Räumung der Ehgräben strenger zu handhaben. In Zürich mussten gemäß einem Mandat von 1546 alle Gräben jeweils nachts und etappenweise gereinigt werden. Gleich bei Morgengrauen – man wollte vermeiden, die Stadttore in der Nacht zu öffnen – musste aller Abraum weggeschafft werden. Als Begründung dieser strengen Anordnungen führte dieses Mandat an: Die unsachgemäße Ehgrabenreinigung gebe „eyn söllichen bösen geruch und gestangk das dem menschlichen cörpel [Körper] gewüsslich großer schad darus gefolget".[17]

Die Gesundheitsgefährdung durch Gestank, die in diesem Mandat angesprochen wird, ist auf die allgemein verbreitete Überzeugung zurückzuführen, dass Seuchen durch üble Gerüche, sogenannte Miasmen verbreitet würden. Die Ehgrabenreinigung diente also der Seuchenbekämpfung, was ein Beschluss aus dem Jahr 1611 verdeutlicht: Hier erließ man gleich zu Beginn des Pestausbruchs ein Verbot, Fäkaliengruben tagsüber zu entleeren. Nur in der Nacht war die Räumung erlaubt.

Wie man sich einen Aborterker in einer mittelalterlichen Stadt über dem Ehgraben vorstellen muss, zeigt diese Darstellung. Unter den neugierigen Blicken von fünf Zuschauern erleichtert sich ein Mann im Ehgraben. Über seinem Kopf befindet sich in luftiger Höhe der eigentliche Abort.

merfenstern vorbei. Ohne Bedenken schöpfte man aus demselben Gewässer, in das die Fäkalien geleitet wurden, auch Trinkwasser oder verwendete das Wasser zur Herstellung von Bier.

Noch eine wichtige Bemerkung zum Stichwort Trinkwasser: Nach Möglichkeit vermied man es im Mittelalter, Wasser pur zu trinken. Man verdünnte den Wein, das Bier oder den Most damit. Hauptsächlich waren in den Städten die Brunnen und nicht der Fluss oder Bach der Ort zum Wasserholen. Den Luxus von Wasserleitungen konnten sich nur wenige Städte leisten, und auch hier kam dieser Komfortgewinn nur den Reichen zugute.

Nachtmeister, Pappenheimer und Ehgrabenrumer

Die Leute, welche die Ehgräben nachts ausräumten, nannte man „Nachtmeister". In Nürnberg wurden sie als „Pappenheimer" bezeichnet. Man vermutet, dass Kriegsgefangene aus dem bekannten Kürassierregiment der Pappenheimer diese wenig rühmlichen Arbeiten verrichten mussten und dass ihr Name später zur Beschreibung dieser Reinigungsarbeiten beibehalten wurde. Die Münchner wiederum nannten die Leute, welche den Schlamm aus den Gruben schöpften, beschönigend die „Goldgrübler", in Frankfurt hießen sie „Heymelichkeitsfegere" und in Schaffhausen „Ehgrabenrumer".

Das Fegen des „Scheißhauses" oder das Ausräumen der Ehgräben sowie der Sickergruben war eine unehrenhafte Tätigkeit und wurde den Außenseitern der Gesellschaft überlassen – häufig dem Henker, Abdecker oder Totengräber. Nicht zuletzt gingen diese Leute ein sehr hohes Risiko ein. Unfälle wie der Folgende kamen immer wieder vor: In Nürnberg wollten die Dominikaner 1469 die lästige Entleerung ihrer Abortgrube dadurch umgehen, dass sie einen Abflusskanal in die Pegnitz gruben. Erst nachdem bei diesem Unternehmen ein Mitbruder und ein Steinmetz umgekommen waren, ließ man von dem Vorhaben ab und löste es auf die traditionelle Weise. Das heißt, man rief die „Scheißhausfeger", „den gab man einen gulden zu lohn und den schadet kain gestank und waren frolich vor den münchen und sungen und sprungen[18].

Kampf dem Schmutz

Die mittelalterliche Stadt in Bausch und Bogen als stinkenden und dreckigen Ort zu verurteilen, wäre ungerecht. Die Ehre einer mittelalterlichen Stadt wurde ebenso in möglichster Sauberkeit gesehen wie in prächtigen Bauwerken. Schmutz wurde als „unlust" empfunden. Schmutz in Gestalt von Fäkalien bildete andererseits auch einen wertvollen Dünger. In Zürich belegten die Bürger die Gassen gelegentlich mit Stroh, um möglichst viel vom wertvollen tierischen Kot und Urin abzufangen. Eine mittelalterliche Stadt roch wohl nicht „anrüchiger" als ein Bauernhof. Allerdings kam es gegen Ende des Mittelalters zu einer Verschlechterung der sanitären Verhältnisse. Ein wichtiger Grund war der Bau von vielgeschossigen Mietskasernen, häufig mit vier oder fünf Stockwerken, wie man sie bereits im alten Rom gekannt hatte. Für Bewohner der Wohnungen in den oberen Stockwerken war die Benutzung von Toiletten außerhalb des Hauses eine mühselige Angelegenheit. Die Verführung war groß, sein Nachtgeschirr einfach aus dem Fenster zu leeren. Und eines muss man sich klar vor Augen führen: Die Armen der Stadt verrichteten ihre Notdurft weiterhin in einem Winkel oder in einem Gebüsch.

Die unbekleidete Hausherrin leert ihr Nachtgeschirr über die Musikanten, die unter ihrem Fenster aufspielen. Nachttöpfe wurden gern auf dem einfachsten und bequemsten Weg entsorgt. Dieser Dürer zugeschriebene Holzschnitt entstand 1494.

Ritterlicher Rückzug

Im 12. Jahrhundert nahm die Burg respektive der Stammsitz einer Adelsfamilie einen wichtigen Stellenwert ein; viele Geschlechter nannten sich nach ihren Festungen. Die Burg Staufen auf dem Hohenstaufen (am Nordrand der Schwäbischen Alb) beispielsweise gab dem Geschlecht der Staufer seinen Namen. Nicht weit weg davon lag die Burg Zollern (südlich von Hechingen), Stammburg des 1061 erstmals erwähnten Geschlechts der Zollern, dessen fränkische Vertreter als Hohenzollern zu preußischen Königen und deutschen Kaisern aufstiegen. Und um ein drittes Beispiel anzuführen: Die Habsburg bei Baden (Schweiz) gab den Habsburgern ihren Namen, dem Adelsgeschlecht, das im Zeitalter der Entdeckungen voller Stolz verkünden konnte, über ein Reich zu herrschen, in dem die Sonne nicht unterging. In der Regierungszeit des habsburgischen Kaisers Karl V. (1500–1558; Kaiser 1530–1556) wurde Amerika entdeckt, das seiner Herrschaft unterstand.

Der Burgenbau entwickelte sich in Mitteleuropa vor allem im Zusammenhang mit der Landesverteidigung, insbesondere in Grenzgebieten entstanden Befestigungsanlagen. Seit dem 10. Jahrhundert setzte eine Entwicklung hin zur Wohnburg ein.

Komfort auf der Burg?

Aufgrund der Vielfalt der Burganlagen lässt sich kaum ein einheitliches Bild von der Ausstattung und dem Komfort zeichnen. Wie eine Burg um 1200 von innen aussehen konnte, beschreibt Lambert von Ardres in seiner Geschichte der Grafen von Guines am Beispiel der Burg, die Graf Arnald von Guines in Ardres errichten ließ. Dabei handelt es sich um einen mehrgeschossigen Wohnturm (*donjon*). Mit keinem Wort wird in dieser Beschreibung eine Toilette erwähnt. Dabei wusste man sanitäre Einrichtungen durchaus zu würdigen. Zu den am meisten geschätzten Annehmlichkeiten gehörte das warme Bad. Man stellte dafür einfach einen Badezuber mit Wasser in einem der vorhandenen Räume oder im Freien auf. Selbst in kleineren Burgen scheint es auch schon früh eigene Badestuben gegeben zu haben. Eine Quelle erzählt davon, wie ein Knecht auf eine Burg kam und auf seine Frage nach dem Burgherrn in die Badestube verwiesen wurde: „Geht in die Badestube hinein, da ist er drinnen; die Stube ist warm."[19] In der Annahme, dass der Burgherr dort ein Bad nähme, entledigte der Knecht sich seiner Kleidung und ging nackt hinein, zum Entsetzen der herrschaftlichen Familie, die das Badezimmer im Herbst als Wohnraum benutzte, weil die Kemenate der Burg erst im Winter beheizt wurde.

Manchmal berichten mittelalterliche Dichter auch von komplizierten technischen Vorrichtungen, von Rohren und Pumpen, die dazu dienten, das Wasser durch die Burg zu leiten. Solche Einrichtungen scheint es in einfacherer Form tatsächlich gegeben zu haben. Damit war auch eine zentrale Voraussetzung für eine Toilette mit Wasserspülung vorhanden. Bis heute lassen sich indes keine eindeutigen Beweise für ein Wasserklosett auf einer christlichen Burg erbringen. Anders sieht es hingegen für islamische Burgen aus: In der Alhambra, einer Festung der Mauren in Granada, die im 13. und 14. Jahrhundert

Der königliche Baderaum im Harem der Alhambra (erbaut im 14. Jh.) in Granada. Den unbeschreiblichen Luxus kann man nur noch erahnen. Die sternenförmigen Dachfenster waren mit roten Glasfenstern verschlossen; farbenprächtige Fliesen bedeckten die Wände.

erbaut wurde, gab es exquisite Toiletten. Gemauerte Sitze waren in separaten Räumen mit glasierten Wandkacheln zu finden. Auch eine Art von Wasserspülung und Geruchsverschluss wurden benutzt.

Abortanlagen in der Burg

Der Verzicht auf wassergespülte Toiletten ist jedoch nicht mit einem Verzicht auf jeglichen sanitären Komfort gleichzusetzen. Nur sahen die Lösungen dazu pragmatisch aus, wie archäologische Untersuchungen zeigen. Allgemein üblich waren seit etwa 1100 Abortanlagen, die sich in den Wohngebäuden befanden. Sie bestanden aus einer Wandnische oder einem Erker, von dem aus die Fäkalien durch eine direkte Abflussöffnung ins Freie geleitet wurden. Ausnahmsweise konstruierte man auch zusätzliche Wandnischen für die Aufnahme eines Talglichts oder brachte neben dem Abtritt ein kleines „Lavabo“ zum Waschen der Hände an.

Normalerweise achtete man darauf, die Abortanlagen an einer Stelle einzurichten, von der aus die Fäkalien auf einen wenig betretenen Ort fielen oder hingeleitet wurden, das heißt an einen Felsabhang oder Winkel der Außenwand. „War die Mauer stark genug, brachte man gewöhnlich die ganze Anlage, also Vorraum, Sitz und schräg nach außen verlaufende Fallrohre in der Mauer unter. War die Mauer nicht stark genug für die Unterbringung der Anlage, machte man einen Mauerdurchbruch und baute an der Außenwand einen Abtritterker ein. Die Exkremente fielen dann durch eine Öffnung nach

Steinerner Aborterker am Schloss Saint-Martin-des-Noyers (Département Vendée).

unten in den Burggraben oder auf den Burghang. Sofern die Abtrittserker nicht weit genug von der Mauer entfernt waren, wurden die Burgwände außen entsprechend beschmutzt."[20] Zu verhindern suchte man dies, indem eine vorstehende Steinplatte so in die Öffnung des Abortes eingesetzt wurde, dass Urin und Kot von der Burgmauer weggeführt wurden. Bei Bauten im Innern des Burgareals brachte man den Abtritt über dem Stallbereich an, wo sich die Fäkalien mit dem Mist der Haustiere vermischten.

Die „necessaria"

Für große Burgen mit vielen Bewohnern reichten solche Einrichtungen nicht aus. Man errichtete dort spezielle Bauten, die vom Hauptgebäude aus eigene, oft abgedeckte Zugänge hatten – bezeichnet als *exitus necessarius*, *requisitum naturae*, *necessaria* oder *sedilia*. Die Schlösser des preußischen Ordens der Deutschherren besaßen besonders markant angebaute Abortanlagen, die man als Danzke oder Danziger bezeichnet. Der Name hängt mit der Stadt Danzig zusammen, die vom Deutschen Orden im Jahr 1309 erworben wurde. Typisch für die Danziger war, dass sich die Abortanlagen solcher Burgen meist in einem eigenen Turm befanden, der vom Hauptgebäude über einen auf Pfeiler gestützten, abgedeckten Zugang zu erreichen war.

Je stärker sich die Burgen zu Wohnanlagen entwickelten, desto mehr Bedeutung wurde auch der sanitären Einrichtung beigemessen. Doch der Weg über lange Gänge und Treppen zu den Aborterkern blieb erhalten, und es gibt Hinweise, dass man sich anderweitig behalf. Ein Dichter berichtet: „Da kam eine schöne junge Dame, wie ein Turteltäubchen, und trat leise vor das Palastor und wollte davor ihr Geschäft verrichten."[21]

Ein solches Verhalten war allerdings nicht mehr länger standesgemäß. „Leute der vornehmen Oberschicht kackten nicht in der Öffentlichkeit."[22] Sie hatten es dank dem Bau von Abortanlagen auf den Burgen nicht mehr nötig, sich im Freien zu versäubern, wie es der Gewohnheit des breiten Volkes entsprach. Der Gebrauch des Abortes war damit ein wichtiges Ausdrucksmittel eines gehobenen Standesbewusstseins geworden.

Natürlich erhöhten Abortanlagen auch die Wohnqualität, und wenn man einer Chronik aus dem 16. Jahrhundert Glauben schenken will, so lockte die Aussicht auf ein wohliges und einfach zu genießendes Bad die Adeligen von ihren Burgen in die Ebene herunter. Der Wunsch nach mehr Komfort und Bequemlichkeit als Motiv scheint verständlich. Ihn zu schmälern, hat man in Kriegszeiten besonders gut verstanden.

Im Spätmittelalter wurden Fäkalien gezielt als Instrument der Luftverpestung und der psychologischen Kriegsführung eingesetzt, um die Bewohner einer belagerten Burg zu demoralisieren. Ein Beleg dafür ist eine prachtvolle und mit Hunderten von Malereien verzierten Handschrift aus dem Jahr 1405 zum Stand der Kriegstechnik. Darin sind auch Fässer abgebildet und jeweils daneben wird deren Verwendungsmöglichkeit beschrieben. Unter anderem wird dabei vorgeschlagen: „Du kannst [die Fässer] mit altem übelriechenden Kot füllen und schleudern, wohin du willst, so werden die Leute ohnmächtig, und der Boden wird schlüpfrig."[23] Dieser taktische Einsatz von Kot ist mehrfach bezeugt. Um die Übergabe der Burg Schwanau im Elsass im Jahr 1333 zu erzwingen, katapultierten die Berner und Straßburger zahllose Jauchefässer in die Festung. Der Unrat verbreitete bei der Hitze einen solchen Gestank, dass die Besatzung demoralisiert kapitulieren musste.

Klösterliche Askese

Im Mittelalter galt das Mönchtum weithin als die vollkommenste Lebensform. Das Mönchtum war im Morgenland entstanden, in Palästina, Syrien, Kleinasien und vor allem in Ägypten. Es trat in zweierlei Formen auf: im Eremitentum und im religiösen Gemeinschaftsleben. Für das Abendland wurde das Leben in der Gemeinschaft des Klosters die bestimmende Form. Das Gemeinschaftsleben erforderte eine straffe Organisation und Leitung unter einem Abt, dem Vater der neu entstandenen Familie, und eine Ordnung, die in einer Reihe von Mönchsregeln verbindlich gemacht wurde.

Die ersten Mönche und Eremiten lehnten als Beweis ihrer Weltabkehr die Sauberkeit häufig ab. Manche betonten, dass Schmutz und Ungepflegtheit zum Wesen der Mönche gehörten. „Die Reinheit des Körpers und der Kleider", sagte die heilige Paula, „bedingt die Unreinheit der Seele."[24] Und der deutsche Chronist Thietmar von Merseburg aus der Regierungszeit von Kaiser Heinrich II. (973–1024) führte als Musterbild der Frömmigkeit eine Einsiedlerin namens Sisu vor, die „das Ungeziefer, von dem sie fortwährend geplagt wurde, nicht fortwarf, sondern das zufällig Abgefallene sich wieder ansetzte".[25] Doch lässt sich auch feststellen, dass im Kloster ein geschärftes Bewusstsein für Sauberkeit vorhanden war. Ja, das Zusammenleben so vieler Menschen auf engem Raum zwang geradezu zu einer Disziplin der Sauberkeit. Schon Benedikt von Nursia – er gründete 529 auf dem Monte Cassino das erste Kloster im Abendland – schenkte Fragen der Hygiene seine Aufmerksamkeit. Viele Worte verlor er zwar nicht darüber, aber aus dem Wenigen ist klar zu ersehen, dass er eine gewisse Reinlichkeit für selbstverständlich hielt, Übertreibungen freilich nicht wünschte.

Spätere klösterliche Gemeinschaften im Abendland (zu Beginn des 10. Jahrhunderts entstand der Orden der Cluniazenser, im 11./12. Jahrhundert der Orden der Zisterzienser) übernahmen Regeln, die teilweise härter als die des heiligen Benedikt waren. Auch die sich ändernden wirtschaftlichen und sozialen Verhältnisse, die wachsende Zahl der Mönche, der zunehmende Wohlstand zwangen oder verleiteten zu Änderungen der bisherigen Prinzipien. Aber im Großen und Ganzen blieb der Tagesablauf im Kloster eine harte und anstrengende Angelegenheit; Mönchtum war und blieb „Übung" (*exercitium*) im Kampf gegen Sünde und weltliche Versuchung.

Körperpflege

Bevor wir uns der Frage der Körperpflege im Kloster zuwenden, ist ein Vorbehalt anzubringen. Die Einhaltung der Hygienevorschriften war großen Schwankungen unterworfen. Nicht in jedem Orden und nicht zu jeder Zeit schenkte man der Sauberkeit die gleiche Beachtung. Erst im Umfeld der cluniazensischen Klosterreform wurde der Hygiene wieder vermehrt Aufmerksamkeit zuteil: So verurteilte der aus Aquitanien stammende Abt Odo von Cluny († 942) die Unsauberkeit der Asketen.

Welches Bild vermitteln nun die Klosterregeln im Hinblick auf die Körperpflege? Strenge Klosterregeln erlaubten nur zweimal jährlich ein Bad, nämlich zu Weihnachten und zu Ostern. Aber dies betraf nur das Vollbad. Die meisten Klosterregeln schrieben mehrmaliges tägliches Waschen vor. Am Samstag reinigte man den ganzen Körper einschließlich der Füße. Da die Mönche des Hochmittelalters keinen Bart trugen, nahm die Rasur bei der

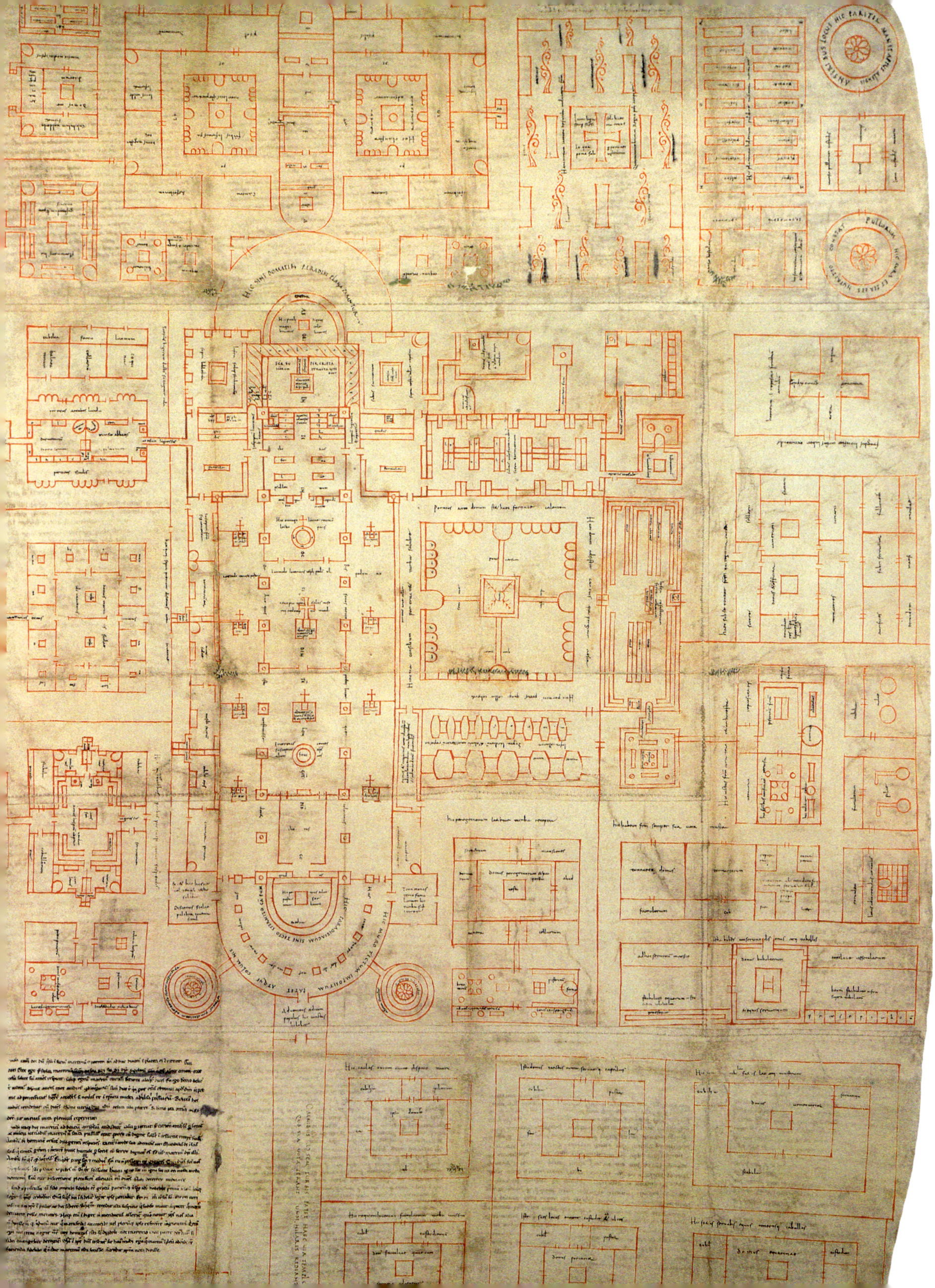

Im Plan des Klosters St. Gallen sind neun Toiletten neben dem Schlafsaal zu finden. Weitere ähnliche, aber kleinere Latrinen waren bei der Pförtner- und der Schulleiterwohnung, beim Gästehaus, der Abtswohnung und an anderen zentralen Orten zu finden.

Körperpflege einen festen Platz ein. Allerdings rasierten sich die Mönche in größeren Zeitabständen, etwa alle 15 Tage. Dabei setzten sich die Mönche in zwei Bankreihen einander gegenüber und rasierten sich gegenseitig, während sie Psalmen sangen oder Stillschweigen bewahrten.

Auch das Austreten – nehmen wir in den klösterlichen Mauern Zuflucht zu dieser Umschreibung – war oftmals genau geregelt. Beim Aufstehen am Morgen, vor und nach einer handwerklichen Arbeit oder vor dem Essen, war der Gang zur Toilette erlaubt. Knaben und Jünglinge durften auch nachts zum Austreten gehen, mussten dabei aber stets von ihrem Magister und einem Gleichaltrigen begleitet werden. Beim Betreten der Latrine musste die Kapuze tief ins Gesicht gezogen werden. Auch das Händewaschen nach dem Austreten gehörte in vielen Klöstern zu den Gepflogenheiten.

Toiletten im Kloster

Im Plan des Klosters St. Gallen sind neun Toiletten neben dem Schlafsaal zu finden. Eine Laterne sollte den Raum erhellen. Weitere ähnliche, aber kleinere Latrinen, waren bei der Pförtner- und der Schulleiterwohnung, beim Gästehaus, der Abtswohnung und an anderen zentralen Orten zu finden. In Cluny, das durch den Abt Odilo um die Mitte des 11. Jahrhunderts verschönert wurde, gab es sage und schreibe 45 Sitztoiletten in einem Raum von 70 Fuß Länge und 23 Fuß Breite (etwa 23 mal 7 Meter). Jeder einzelne Sitz war mit einem kleinen, gläsernen Fenster ausgestattet. Ein unerhörter Luxus in einer Zeit, in der die Fensteröffnungen – wenn sie überhaupt vorhanden waren – mit Tüchern bespannt waren, durch die nur wenig Licht eindrang. Über den Sitzen befanden sich Häufchen von Hölzern, die man anstelle von Toilettenpapier gebrauchte. Gern benutzte man auch Heu von guter Qualität.

Wassergespülte Toiletten

Neben diesen „Plumpsklos" boten manche Klöster für die damalige Zeit einen außergewöhnlichen Komfort: Sie hatten wassergespülte Toiletten. Nach Möglichkeit legten die Zisterzienser ihre Klöster so an, dass ein Bach durch die Latrine (*domus latrinarum*) führte und allen Unrat wegschwemmte. Im Sommer, wenn wegen der Trockenheit das Wasser knapp werden konnte, wurden Schleusen angefertigt, damit der Druck des zurückgehaltenen Wassers groß genug blieb, um die Fäkalien zu entfernen.

Der technische Erfindergeist der Zisterzienser ging jedoch noch weiter: Eine Quelle aus dem 13. Jahrhundert belegt, dass in der Zisterzienserabtei von Clairvaux im Haushalt der Mönche und in ihren Werkstätten fließendes Wasser benützt wurde. Mithilfe von Blei- und Holzleitungen floss das Wasser zum Kochen und Waschen in die Küche und zur Bewässerung der Pflanzen in den Garten. Noch früher, schon im 12. Jahrhundert, kanalisierten die Mönche in Canterbury (England) das Wasser und versorgten die wichtigsten Gebäude – auch das *necessarium* (den Abtritt) – mit dem kostbaren Nass. Im Unterschied zu Clairvaux wurde das Wasser allerdings nicht als Antriebsquelle genutzt.

Auch auf die Sauberhaltung der Latrinen wurde geachtet. An den Samstagen wurden sie gefegt, in cluniazensischen Klöstern genau wie in zisterziensischen. Und gewöhnlich musste der Prior beim abendlichen Rundgang auch die Aborte visitieren.

Die Kartäuser

Eine besondere Stellung hinsichtlich der Hygiene nimmt der Orden der Kartäuser ein, der gegen Ende des 11. Jahrhunderts gegründet wurde. Die Kartäuser führten ein strenges Eremitenleben. Ihre Zellen waren in kleinen,

Bei seinem nächtlichen Gang zur Toilette stürzt ein Mönch die Treppe zur Latrine hinunter. Das Bild (16. Jh.) zeigt links eine Blocktreppe, rechts den Abortkasten mit zwei Sitzlöchern. An der Wand hängt ein Holzgestell mit Heu zum Putzen des Hinterns.

voneinander abgetrennten „Reihenhäuschen" untergebracht, welche man von einem Kreuzgang aus betrat. Neben dem eigentlichen Wohnraum gehörte eine Werkstatt oder ein Arbeitsraum sowie ein mit Mauern umschlossener Garten zu einer Kartäuserzelle. In diesem abgeschlossenen Bereich verbrachten die Kartäusermönche ihr Leben mit Arbeit und Gebet. Wann und zu welchen Anlässen (etwa zum gemeinsamen Chorgebet) sie die Zellen verlassen durften, war in den Ordensregeln genau vorgeschrieben.

Aufgrund der strengen Ordensregeln gestaltete sich der Bau von sanitären Einrichtungen in Kartäuserklöstern anders als in den übrigen Konventen, denn die eremitische Lebensweise der Kartäuser ließ keine gemeinschaftlichen Latrinen zu. Jede Zelle war mit einer Frischwasserleitung oder wenigstens mit einer einfachen Rinne ausgestattet. Die Speise erhielten die Einsiedlermönche durch eine Klappe in der Wand vom Kreuzgang aus. Statt der gemeinschaftlichen Mönchslatrine verfügte jede einzelne Wohn- und Arbeitszelle über einen eigenen Abtritt. Dieser lag meist an der Außenmauer der Mönchsgärten am Ende eines schmalen Ganges. Die Mauern des Abortganges trennten die einzelnen Gärtchen voneinander.

Die neuere historische Forschung konnte aufzeigen, dass die urbane Welt des Mittelalters von der klösterlichen Zivilisation lernte. Der Bau von Wasserleitungen wurde von immer mehr mittelalterlichen Städten übernommen. Im 15. Jahrhundert verzichteten selbst mittelgroße Städte nicht mehr auf Rohrleitungen. Gewiss darf man behaupten, dass einige Klöster einen hygienischen Standard hatten, der über dem Stand der Zeit war. Oft hatte die geforderte Sauberkeit zwar einen stark ethisch-ästhetischen Zug. Der Diener Gottes sollte sauber sein und sauber zur Liturgie erscheinen. Aber sie ging auch darüber hinaus: Nur in Klöstern fanden sich im Mittelalter wassergespülte Latrinen.

Eine Bilanz

Im Hinblick auf die Hygiene im Allgemeinen und die Toilette im Besonderen kann für das Mittelalter nicht gerade von Glanz gesprochen werden. Mit dem Untergang des Römischen Reiches im 5. Jahrhundert gingen viele zivilisatorische Errungenschaften verloren. Dies zeigt sich nachdrücklich auch in Bezug auf den hohen technischen Standard, den die Römer gekannt hatten: Toiletten mit Wasserspülung wie im alten Rom waren im Mittelalter die große Ausnahme.

Es war in den mittelalterlichen Klöstern, wo sich die fortschrittlichste Toilettentechnik finden ließ und die Wasserkraft für hygienische Zwecke genutzt wurde. Mönche hatten als erste wieder die Notwendigkeit von Wasserleitungen entdeckt, weil die Körperhygiene in ihren Gemeinschaften eine viel größere Bedeutung hatte als in der nicht klerikalen Welt.

In der laikalen Welt scheint das Etikett des „schmutzigen Mittelalters" denn auch zuzutreffen: In der Stadt, in der sich im 13. Jahrhundert eine verdichtete Bauweise durchsetzte und die Menschen auf engstem Raum zusammenleben mussten, wurden die Abfälle des Einzelnen zum Problem der Allgemeinheit. In den mittelalterlichen Städten in ganz Europa war der Dreck eine Alltagsrealität. Angesichts der Tatsache, dass die überwältigende Mehrheit der Menschen im Mittelalter aber auf dem Lande lebte, muss man die Abfallprobleme der Stadt als ein Randproblem einstufen. Hier war der Dreck, genauer Mist, ein wertvoller Rohstoff.

Luxuriöser Nachttopf aus China (19. Jh.), ausgestellt im Münchner Nachttopfmuseum.

NEUZEIT: WEITERENTWICKLUNG UND VERFEINERUNG

Der König auf dem Thron

Es gibt wenige historische Gestalten der europäischen Geschichte, die bei Zeitgenossen und Nachgeborenen so viel Interesse geweckt haben wie der absolutistische Herrscher Ludwig XIV., der Sonnenkönig. Von 1661 bis zu seinem Tod regierte er Frankreich allein und prägte einen neuartigen Herrschaftsstil: Er inszenierte das königliche Leben im Sinne einer ganz auf seine Person bezogenen Hofkultur, die als politisches Machtinstrument gleichzeitig den Zweck verfolgte, den Adel an den Hof zu ziehen und dadurch zu kontrollieren.

In einem „Sumpf, in dem Nattern, Kröten und Frösche hausten" – so berichtet der Zeitzeuge Saint-Simon (1675–1755) –, ließ Ludwig XIV. das Jagdschlösschen seines Vaters in der Nähe von Paris zur glanzvollen Residenz erweitern. Auf dem größten Bauplatz Europas entstand Versailles, das spätere Machtzentrum Frankreichs und der künftige kulturelle Mittelpunkt Europas. Die Dimensionen der Gesamtanlage sind eindrücklich: die Gartenfront des Hauptgebäudes misst 580 Meter und hat 375 Fenster. Es gibt etwa 2000 Räume, rund 10 000 Menschen versammelten sich hier bei festlichen Anlässen. Schon die engere Dienerschaft Ludwigs XIV. setzte sich aus Hunderten von Bediensteten zusammen, die einer strengen Hierarchie unterstanden.

Der neue Prunkbau des französischen Königs diente gänzlich anderen Zwecken als die mittelalterliche Burg: An die Stelle der Wehrhaftigkeit trat nun die glanzvolle Repräsentation. Nach französischem Vorbild errichteten sich die Fürsten bald überall in Europa einen prunkvollen Herrschaftssitz als politischen und repräsentativen Mittelpunkt. Höhepunkt dieser Entwicklung blieb zweifelsohne Versailles: Es galt seit seinem Bau als Musterbeispiel für Hof und Hofkultur des Absolutismus. Rasch fand es Nachahmer, doch an Prunk und Größe blieb es unübertroffen.

Etikette am Hof

Das Leben am Hof von Versailles war streng geregelt. Sozialer Rang musste bei Hof nach außen sichtbar dargestellt werden. Beanspruchte der Fürst eine allem Adel überlegene Position, musste dies für alle sinnfällig zum Ausdruck kommen. Der Hof war die Bühne, auf der im feierlichen Vollzug die Unantastbarkeit und Allmacht des Herrschers in Szene gesetzt wurde. Zu dieser Inszenierung gehörten auch die natürlichsten Bedürfnisse des Monarchen, denn Ludwig XIV. empfing den engsten Kreis seiner Familie ohne Weiteres auf dem Nachtstuhl sitzend. Als schockierend wurde dies nicht empfunden.

Durchaus gesellschaftsfähig waren damals auch ausführliche Tischgespräche über das „königliche Übel" (*mal du roi*), eine Fistel am Anus des Sonnenkönigs, deren Entfernung europaweit zur Kenntnis genommen wurde. Unter Ludwig XIV. war selbst die Verrichtung der Notdurft eine Demonstration der Macht. Die Könige begannen damit, *faire leur trône de leur chaire percée* (Montaigne) – Audienz auf dem (Nacht)thron zu halten.

So waren im Zeitalter des Absolutismus selbst intimste Einzelheiten des königlichen Lebens von öffentlichem bzw. adeligem Interesse. Für jede noch so geringe Aufgabe am Hof gab es einen – oftmals adeligen – „Bediensteten" mit genau umrissenen Pflichten. Für das Privileg, in der Nähe des Königs zu sein, war kein Opfer zu groß. Selbst zur Überprüfung des königlichen Stuhlgangs oder

Dass Ludwig XIV. selbst die Verrichtung des königlichen Geschäfts in das Hofzeremoniell aufnahm, war neu. Wenn der König sich nackt zeigte, auf dem Nachttopf saß und ihm nahe stehende Personen empfing oder sein Hemd in einem Zimmer wechselte, das voller Menschen war, so war es für die Anwesenden sogar eine Ehre, den König in einer derart intimen Situation zu sehen oder ihm bei intimen Handlungen behilflich zu sein. Die Engländer hingegen waren über das französische Hofzeremoniell erstaunt, ja pikiert und bezeichneten es schamhaft als *The French Courtesy*. Das Kacken in aller Öffentlichkeit ohne jede Schamhaftigkeit war jedoch auch am französischen Hof nicht allgemein verbreitet. Wenn beispielsweise Liselotte von der Pfalz in einem Brief vom 5. Mai 1716 über den Herzog von Bourgogne, einen Sohn Ludwigs XIV., berichtet, dass man bisweilen mit ihm „entretenirte" (sich unterhielt), während er auf dem „Kackstuhle" saß, obgleich es dabei „gar modest" zugegangen sei, denn man habe ihm den Rücken zuwenden müssen, so ahnt man bereits, dass es sich nicht um eine Selbstverständlichkeit der Zeit handelte. War der Mensch früherer Jahrhunderte weniger prüde als heute? Verlief die Schamgrenze damals anders als heute? Die Schamschwelle ist nicht naturgegeben, sondern versteht sich immer erst aus dem gesellschaftlichen Kontext. In jeder Epoche wird sie neu festgelegt. In einigen Bereichen zeigte man in früheren Zeiten mehr „Scham" als heute, in anderen weniger. Hier von Fortschritt oder Rückschritt zu sprechen, wäre freilich nicht angebracht.

„Kackstuhl" aus dem Schloss Augustusburg (Brühl), das zum Weltkulturerbe gehört. Es handelt sich dabei um einen Stuhl mit eingebautem Abort bzw. einer Einrichtung, um einen Nachttopf aufzunehmen.

Die französische Sprache (genauer das Französisch bei Hofe) erlebte im Zeitalter Ludwigs XIV. einen ungeheuren Bedeutungszuwachs. Französisch ersetzte das Lateinische im zwischenstaatlichen Verkehr und verdrängte es auch aus dem Rang der beherrschenden Vertragssprache. Es gehörte bis weit ins 19. Jahrhundert hinein zur guten Erziehung des europäischen Adels und der Gebildeten in Europa, Französisch zu lernen. Dabei bürgerten sich auch Begriffe aus dem Französischen in anderen europäischen Sprachen ein. So ist der deutsche Begriff „Toilette" aus dem Französischen entlehnt und hat die Zweideutigkeit des französischen Vorbilds beibehalten: Der französische Begriff *toilette* ist ein Diminutivum zu *toile*, was soviel wie „Tuch" bedeutet. Mit dem Tuch war ein Stoffstück gemeint, auf dem man normalerweise Kosmetika ausbreitete. Im 17./18. Jahrhundert wurde der Begriff auf die Tätigkeit des Ankleidens übertragen und schließlich im 20. Jahrhundert auch als verhüllende Bezeichnung für den Abort gebraucht. Über lange Zeit war das „Toilette machen" ein Privileg der Reichen. Erst in der zweiten Hälfte des 20. Jahrhunderts nahmen sich immer mehr Menschen in den Industriestaaten Zeit für ihre tägliche Toilette. Wie langsam dieser Prozess jedoch vor sich ging, belegt eine Erhebung aus Frankreich im Jahr 1951: 25 Prozent der befragten Frauen putzten sich niemals die Zähne und 39 Prozent nahmen nur einmal im Monat ein Bad. Gegen Ende des Jahrhunderts investierten Frauen wie Männer immerhin acht bis neun Stunden pro Woche für die Toilette.

„Toilette machen" – junge Frau bei der Toilette; Miniatur aus Elfenbein um 1775.

für das Reinigen des königlichen Hinterteils gab es einen Günstling. Das Privileg, den Nachtstuhl zu beaufsichtigen – das *Brevet d'entrée* – ließen sich die Adeligen in den besten Zeiten 100 000 Livres kosten. Es verlangte zudem den Nachweis einer adeligen Ahnengalerie, die mindestens 200 Jahre rückdatierbar war. Wer schließlich zugegen sein wollte, wenn der König auf dem „Thron" saß, musste sich dies mit einem „Diplom" – dem *brevet d'affaires* – verdienen.

Der Nachttopf regiert

Der sonst so prächtige Hof vernachlässigte den hygienischen Bereich sträflich: Im ganzen Schloss war keine einzige Toilette mit Wasserspülung zu finden. Man benutzte stattdessen Nachtstühle. Rund 300 gab es, wobei die Zahl der Synonyme mit der Zahl der Nachtstühle konkurrierte: *chaises percées*, *chaises d'affaires*, *chaises pertuisées*, *chayères de retrait*, *chaises nécessaires*, *secret*, *commodité* oder ganz einfach *selles* waren übliche Bezeichnungen. Auch in der Ausführung gab es Unterschiede: Rund zwei Drittel der Nachttöpfe waren in Damast unterschiedlichster Farbe eingehüllt; über sechzig wurden in einer Schublade oder einem anderen Sichtschutz neugierigen Blicken entzogen. Der raffinierteste Nachttopf gehörte selbstverständlich Ludwig XIV. Es handelte sich dabei um einen schwarz lackierten Topf mit einer japanischen Landschaft, in der goldene und farbige Vögel plastisch herausgearbeitet waren. Die Innenseite war rot lackiert und der Sitz war mit grünem Velours ausgepolstert.

Folgt man den Quellen, so hat es in Versailles häufig penetrant gestunken. Während den stundenlangen Empfängen vor dem König war es nicht ungewöhnlich, dass die hohen Damen ihre Notdurft im Stehen, durch die Doppelröcke geschützt, verrichteten. Den Kavalieren standen Säulen, Nischen, Prachtvorhänge und Gobelins zur Verfügung. Verständlich, dass die Hofgesellschaft wiederholt wegen erforderlicher „Luftveränderung" ihren Aufenthaltsort innerhalb der Schlossflügel wechselte.

Fehlende Infrastruktur

Im Grunde war dieser Missstand das Ergebnis einer mangelnden Infrastruktur: Zwar gab es im Schloss Bedienstete, die mit einem Nachttopf die Gänge abliefen, und waren in der weitläufigen Parkanlage bei den Schlosswärtern Nachttöpfe zu finden, doch immer wieder überstieg die Nachfrage das Angebot. Der Bau von großzügigen wassergespülten Sanitäranlagen, die selbst dem Ansturm der vielen Gäste bei Festlichkeiten gewachsen gewesen wären, hätte die ideale Lösung dargestellt. Die Voraussetzungen zu einer derartigen Lösung waren gegeben: Wasser war in Versailles in reichlichem Maß vorhanden, denn es gab ein riesiges Netz von Kanälen und Gräben, das insgesamt 170 Kilometer umfasste. Auch das Know-How für ein WC war wohl vorhanden, zumal in England gegen Ende des 16. Jahrhunderts die Toilette mit Wasserspülung in adeligen Kreisen Eingang gefunden hatte (davon im folgenden Unterkapitel). Ja, Ludwig XIV. besaß sogar ein Bad, „das sich wohl ohne Schande neben die Thermen der antiken Villen hätte stellen können"[26].

Warum feierte die wassergespülte Toilette also nicht in Versailles ihr Comeback? Der entscheidende Grund ist wohl darin zu suchen, dass die hygienischen Missstände in Versailles zwar ein Ärgernis waren, aber auch nicht mehr. Die Geschichte des stillen Örtchens wäre aber zweifelsohne anders verlaufen, wenn Ludwig XIV. in Versailles wassergespülte Klosetts eingebaut hätte. Dies hätte das WC zu einem Prestigeobjekt gemacht und seine Verbreitung in adeligen Kreisen gefördert.

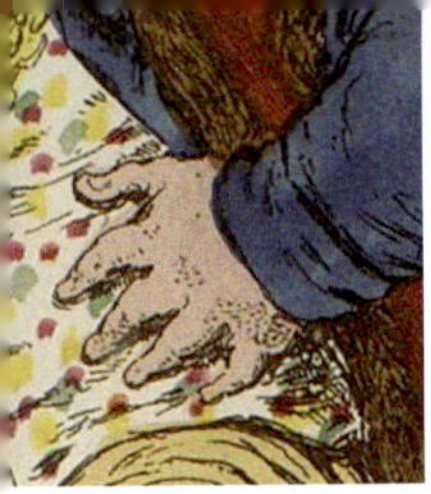

Der Bürger auf dem Thron

WC – wer hat nicht schon mit Erleichterung diese zwei Lettern erspäht, wenn ein dringendes Bedürfnis ansteht? Diese verbreitete Abkürzung ist im Deutschen eindeutig und setzt sich aus den ersten Buchstaben des Englischen *water closet* zusammen. Der Brockhaus von 1906 führt den Begriff noch in seiner englischen Schreibweise auf und verrät damit, dass der Siegeszug der wassergespülten Toilette seinen Anfang von Großbritannien aus nahm.

Verknüpft ist diese Geschichte mit dem Namen eines Mannes: mit Sir John Harington (1561–1612). „Er hat nicht nur das erste bekannte Klappenklosett gebaut, sondern auch ein Buch voller Sachkenntnis und Humor darüber geschrieben“[27], kommentiert Roy Palmer, ein Kenner der Materie, Zahnarzt und Autor einer einschlägigen WC-Abhandlung, die Verdienste dieses Adeligen.

Beginnen wir mit dem persönlichen Schicksal dieses Mannes, denn dass ausgerechnet ein Adeliger die technische Entwicklung der Toilette im 16. Jahrhundert vorantrieb, ist als außergewöhnlich zu bezeichnen. Und den Rahmen des Alltäglichen, des Standesgemäßen – um im Jargon der Zeit zu bleiben – hat Sir Harington auch in anderer Hinsicht verlassen. Die Harington-Familie verfügte über großen Einfluss am englischen Hof, was erklärt, warum der 1561 geborene John die Königin Elisabeth I. als Patin hatte. Als Sir Harington jedoch eine zotige Geschichte über zwei Dirnen aus Ariosts *Der rasende Roland* (*Orlando Furioso*) ins Englische übersetzte, war er so unvorsichtig, die delikate Schrift unter den Hofdamen von Hand zu Hand gehen zu lassen. Die Folgen waren unvermeidlich: Die Schrift fiel am Ende in die Hände der Königin und diese war darüber zutiefst empört. Sir Harington wurde vom Hofe verbannt. Während der Jahre seines Exils baute er den Landsitz seiner Frau in Kelston, einem kleinen Dorf in der Nähe von Bath, aus. Dabei wurde das alte Wohnhaus abgerissen und nach den Plänen des berühmten italienischen Architekten Barozzi da Vignola (1507–1573) – er wurde nach dem Tod Michelangelos der Bauleiter der Peterskirche – ein neues Haus errichtet. In dieses Haus baute man eine Toilette mit Wasserspülung ein. Ob die Idee dazu von Sir Harington ausging oder Barozzi da Vignola in seinen Plänen den Einbau einer wassergespülten Toilette vorsah, bleibt offen.

Dass die technischen Kenntnisse für die wassergespülte Toilette in Italien durchaus gegeben waren, belegen eine Skizze Leonardo da Vincis (1452–1519) zu einer „belüfteten Drehtoilette“ sowie Überlegungen zu einer Idealstadt, in der Wasser jeglichen Unrat wegspülen sollte. In einem Bauvorschlag für ein Schloss von Franz I. sah Leonardo da Vinci eine Anzahl wassergespülter Toiletten vor.

Königliches Interesse

Ob die wassergespülte Toilette in Sir John Haringtons Haus nun auf den Plänen von Barozzi da Vignola basierte oder ein Ergebnis eigener Kreativität war, ist im Grunde nicht so wichtig. Ausschlaggebend war, dass Sir John Harington es verstand, seine Neuerfindung ins Rampenlicht zu rücken. Niemals hätte die neue Toilette einen so gro-

National Conveniences – nationale Eigentümlichkeiten; kolorierte Radierung von James Gillray aus dem Jahr 1796. Die Darstellung befand sich damals schon im Grenzbereich eines Tabus. 1851 wurde die Radierung in die Kategorie *suppressed plates* verbannt.

Js. Gy. del. et fect.

NATIONAL CONVENIENCES.

Pubd. Jany. 25th. 1796. by H. Humphrey New Bond Street

Die belüftete Drehtoilette von Leonardo da Vinci

Neben Flugmaschine, Fallschirm, Panzer, Unterseeboot und vielen anderen Projekten hat Leonardo da Vinci (1452–1519) auch einen Beitrag zur Weiterentwicklung der Toilette geleistet. Er steht im Zusammenhang mit einem genialen Entwurf zur Sanierung von Städten, dem Entwurf zum Bau einer Idealstadt. In künstlerischer und in hygienischer Hinsicht blieb Leonardos Vorschlag jahrhundertelang unübertroffen. Dieses Konzept entstand unmittelbar nach der schweren Pestepidemie der Jahre 1484 und 1485, bei der allein in der Gegend von Mailand etwa 50 000 Menschen starben. Leonardo sah die Ursachen für die ungeheuer rasche Seuchenausbreitung in den hygienischen Missständen der übervölkerten Städte, in denen Massen von Menschen auf engstem Raum unter unwürdigen sanitären Verhältnissen lebten. Seine Pläne einer Idealstadt sprengten die einengenden Fesseln der damaligen Stadtmauern. Leonardo trat für eine flächenmäßig breite Auflockerung der Städte ein. Seine Idealstadt „ist in der Nähe des Meeres oder irgendeines großen Flusses anzulegen, damit der durch das Wasser abgeführte Unrat der Städte weggespült werden kann". Zur Abortanlage schrieb er: „Der Sitz des Abortes muss sich drehen wie das Fensterchen in den Klöstern, indem er durch ein Gegengewicht in seine erste Stellung zurückkehrt. Und der Deckel über ihm sei ganz durchlöchert, damit er ausdünsten kann."[28] Leonardo wollte also einen Latrinensitz so anordnen, dass er sich sofort nach der Benutzung durch ein Gewicht wieder in die Wand zurückdreht. Während der Nichtbenutzung steht die Öffnung der Latrine mit einem Abzugskanal in Verbindung, sodass durch den durchlöcherten Deckel die üblen Gase entweichen können.

ßen Widerhall gefunden, wenn nicht zwei Dinge zusammengetroffen wären: Erstens ließ sich Königin Elisabeth I. von Haringtons Erfindung beeindrucken und zweitens machte Sir John Harington durch eine ganz besondere Bau- und Gebrauchsanleitung für die Toilette auf seine Erfindung aufmerksam.

Was das Interesse der Königin anbelangt, lässt sich Folgendes sagen: Im Jahr 1592 wurde John Harington, der seit Kurzem die Gunst der Königin wieder gewonnen hatte, oberster Königlicher Statthalter der Grafschaft Somerset. In dieser offiziellen Eigenschaft empfing er noch 1592 die Königin. Man kennt heute zwar wenig Einzelheiten dieser Zusammenkunft, doch weiß man, dass Elisabeth I. dermaßen von Haringtons „speziellem Fachkönnen" beeindruckt war, dass sie ein ähnliches WC für sich in Schloss Richmond wünschte.

Was die von Sir John Harington verfasste „Gebrauchsanleitung" mit dem Titel *The Metamorphosis of Ajax* anbelangt, müssen wir etwas weiter ausholen.

„The Metamorphosis of Ajax"

Allein schon der Titel – zu deutsch *Die Verwandlung des Ajax* – deutet darauf hin, dass es sich hier um weit mehr als eine technische Anleitung handelt. Warum sprach der Autor von einer Verwandlung? Wen meinte er mit Ajax? Ganz offensichtlich setzte Sir John Harington eine gebildete Leserschaft voraus, die sich in der griechischen Mythologie sehr gut auskannte. Bei der Belagerung Trojas hatten nämlich zwei griechische Recken namens Ajax gekämpft. Der eine war neben Achilleus der herausragendste Kämpfer und ein Mann von unbändigem Ehrgeiz und Stolz, der es nicht verwinden konnte, die Rüstung des gefallenen Achilleus an Odysseus zu verlieren. Er verfiel darüber dem Wahnsinn. Der andere Ajax, gerne als

„Ajax der Kleinere“ bezeichnet, vergewaltigte Kassandra, die Tochter des besiegten trojanischen Königs Priamus, im Tempel der Göttin Athene.

Auf welche Verwandlung spielte Sir John Harington nun also an? Auf die Verwandlung vom tapferen Kämpfer zum Wüstling oder vom heldenhaften und ehrgeizigen Kämpfer zum Wahnsinnigen? Im Hinblick auf Sir John Haringtons frühere obszöne Übersetzung tendierte die Leserschaft wohl eher zu „Ajax dem Kleineren“. Es war eine Wahl, die durch ein anrüchiges Wortspiel in ihrer Richtigkeit bekräftigt wurde. Den Zeitgenossen fiel nämlich sofort auf, dass die Aussprache des Vornamen Ajax identisch mit *a jakes* – eine Umschreibung für einen Abtritt – war. Der Untertitel von Haringtons Schrift – *A Cloacinean Satire* (Eine kloakenhafte/schmutzige Satire) machte schließlich auch dem unbedarften Leser klar, welches Thema ihn erwarten würde.

Die Thematik der menschlichen Notdurft eröffnete Harington in seiner Schrift mit einem Paukenschlag. Gleich zu Beginn platzierte er ein Gedicht, in dem ein Mönch auf dem Abort vom Teufel versucht wird. Eine sinngemäße deutsche Übersetzung lautet:

„Ein biedrer Pater saß im Kämmerlein,
zu tun, was er musste und was muss sein.
Er murmelt wie sonst Gebete vor sich hin,
als vor ihm plötzlich des Satans Gesicht erschien.
Und schon beginnt der Teufel ihn anzuschreien,
dass solche Gebete tödliche Sünden seien.
Ihm werde auch sicher keine Gnade gewährt,
da er frivol am Örtchen Gott entehrt.

Erst ist er verdutzt, doch dann spricht der
fromme Mann

Niemals zuvor wurde die Toilette mit einem derartigen sprachlichen Feuerwerk gefeiert – und auch verspottet wie mit der Abbildung eines Mönchs auf dem Abort – wie in der Schrift *The Metamorphosis of Ajax* (1596) von John Harington.

in seinem Glauben gefasst den Teufel an:
Verdammter! Stets zu Tücke und Lüge bereit,
nicht hoffend auf eignen Nutz und drum voller Neid!
Das Seine jedem. Du störst nicht meine Welt.
Zu Gott sandt' ich Gebete, zu dir, was fällt.
In Reinheit steigt, was ich gebetet, hoch.
Für dich genügt der Abfall aus dem Loch."[29]

Im Anschluss lieferte Sir John Harington eine präzise Anleitung zum Bau einer Toilette mit Wasserspülung. Der Spülkasten dieser neuartigen Toilette soll „den Inhalt eines Wasserbottichs oder mehr fassen. Der Behälter soll sich im Raum selbst oder darüber befinden, von wo aus das Wasser durch ein Bleirohr von einem Zoll Durchmesser unter den hinteren Teil des Sitzes geleitet werden kann. Das soll jedoch nicht sichtbar sein. An das Rohr muss ein kleiner Wasserhahn oder sonst eine Absperrung angebracht werden, womit man den Einlauf des Wassers in die Schüssel regelt."[30]

Eigentlich revolutionär ist jedoch die Anleitung zur Konstruktion eines Ventils: „Im unteren Teil des [Spül]-Beckens auf der rechten Seite müsst Ihr eine Schleuse oder eine Dichtungsscheibe aus Messing durch Löten oder mit Zement abdichten ... An den Scheiben muss ein Rundeisen so stark wie ein Gardinenrohr befestigt werden. Es soll massiv, gerade und senkrecht sein, mit einer starken Schraube oben, für die Ihr einen Hohlschlüssel zum Lockern braucht."[31]

Haringtons Konstruktion war also eine wassergespülte Toilette, die mit Spülkasten und Ventilverschluss ausgestattet war. Damit war die moderne Sanitärtechnik eingeläutet. Der durchschlagende Erfolg blieb John Harington mit seiner Erfindung aber versagt. Auch fand die neue Konstruktion keine innovativen Nachahmer: „Zwischen 1617 und 1775 werden keine britischen Patente für Klosette angemeldet."[32] Dann jedoch setzte ein wahres Feuerwerk von technischen Verbesserungen ein. Da die Technikgeschichte der wassergespülten Toilette andernorts eingehend abgehandelt wurde, hier nur ein knapper Überblick.

Das Klappenklosett

Man unterscheidet zwischen Klappen-, Pfannen- und Trichterklosetts sowie den Vorbildern der heute noch im Gebrauch stehenden Toiletten: dem Flachspül-, Tiefspül- und Absaugklosett. Zu erwähnen sind bei dieser Aufzählung jedoch auch die Alternativen: die Trocken- oder Erdtoilette sowie andere, eher exotische Lösungen.

Die Erfindung von John Harington gehört zur Kategorie der Klappenklosetts, auch Ventilklosett (*valve closet*) genannt. Die ältesten dieser Klappenklosetts muss man sich wie folgt vorstellen: „Das Loch im Unterteil der Schüssel wurde durch eine lederüberzogene Klappe verschlossen. Die Spülung fand statt, indem ein kompliziertes System von Griff, Hebel und Gegengewichten Wasser aus dem Spülkasten in die Schüssel einließ, während die Klappe gleichzeitig geöffnet wurde. Wegen des lästigen Mechanismus, der viel Raum brauchte, wurde der Apparat gewöhnlich mit einer Holzverkleidung geliefert, die es in verschiedener Qualität und Dekoration gab."[33]

Der Londoner Uhrenmacher Alexander Cummings griff 1775 Haringtons Idee neu auf und konstruierte ein Spülklosett aus Metall mit Zugkasten und metallenem Klappenverschluss des Beckens. Sein größter Stolz bestand in einem verbesserten Geruchsverschluss. Angesichts der verbreiteten Lehre, dass schlechte Luft die Ursache von Krankheiten sei, kam dieser technischen Lösung eine zentrale Bedeutung zu.

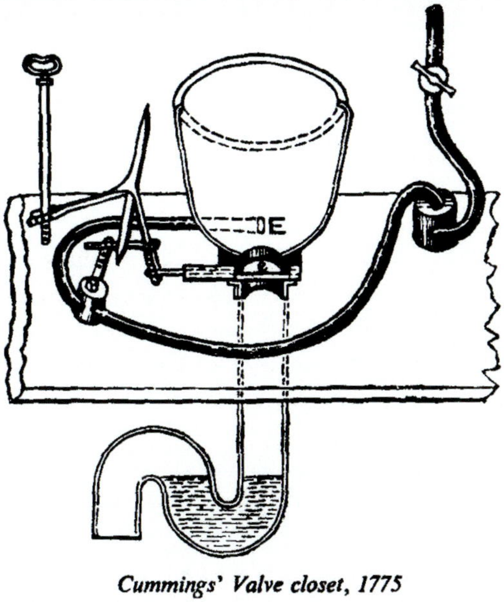

Alexander Cummings' neue Erfindung – ein Wasserklosett mit einem metallenen Klappverschluss – brachte eine geringere Geruchsbelästigung beim Gang zum stillen Örtchen. Sie machte es auch möglich, dass man die Toilette in den engeren Wohnbereich einbauen konnte.

Das „Beste" – Optimus –, dieses Klappenklosett wurde 1892 vom englischen Sanitärspezialisten Hellyer auf den Markt gebracht. Besonders stolz war er auf den Spülrand: „Vor meiner Erfindung gab es kein Klappenklosett mit diesem Spülrand, weder in England noch in Amerika."

Eine weitere Verbesserung des Klappenklosetts erfolgte 1778 durch Joseph Bramah (1748–1814), einen großartigen Feinmechaniker. Er fand eine Möglichkeit, die Geruchsbelästigung des Wasserklosetts zu vermindern. Anstelle des losen Klappenverschlusses konstruierte er ein Ventil, das sich um ein Gelenk drehen musste und fast luftdicht abschloss. Nun erst schien es gefahrlos zu sein, eine wassergespülte Toilette in den engeren Wohnbereich einzubauen. Bramahs Toilette wurde denn auch ein wirtschaftlicher Erfolg: Bis 1797, so behauptete Bramah, habe er gegen 6000 Wasserklosetts verkauft. Die Produktion der Firma Bramah lief bis ins Jahr 1890.

Stevens Hellyer setzte 1892 mit dem Apparat Optimus den Endpunkt in der Entwicklung des Klappenklosetts. Hellyer war ein englischer Toilettenfabrikant, der sich auch in Vorträgen, Büchern und Broschüren über Sanitärhygiene und Sanitärinstallation an die Öffentlichkeit wandte. Sein Handbuch *Der Klempner und die sanitäre Ausstattung von Häusern* (*The Plumber and Sanitary Houses*) erreichte etliche Auflagen. Das Optimus-Klosett war ein Gerät mit sehr vielen mechanischen Teilen, das jedoch zur großen Zufriedenheit der Kundschaft funktionierte. Nicht nur in den königlichen Schlössern Windsor und Balmoral befand sich eine Optimus-Toilette, sondern auch in zahlreichen Haushalten im In- und Ausland. Zudem ließen sich die meisten europäischen Staaten, China, Indien, Japan und die USA sowie Australien und einige Staaten in Südamerika damit beliefern. Auch auf hoher See war die Optimus-Toilette zu finden: Der Herzog von Bedford ließ sich um 1900 eine derartige Toilette auf seiner Yacht einbauen.

Als besonders störend hatten sich bei der Toilette mit Wasserspülung neben der auftretenden Geruchsbelästigung die schlechte Spülung erwiesen. Samuel Prosser fand schließlich Abhilfe. Er regelte den Wasserstand in der Klosettschüssel mithilfe eines einfachen Ballschwimmers (im Unterschied dazu sind heutzutage die Spülreservoirs mit Schwimmern ausgerüstet). Diese Erfindung ließ er sich 1777 patentieren.

Das Pfannenklosett

Die Pfannenklosetts (*pan closes*) bestanden aus einer oberen Schüssel aus Keramik sowie einem darunter liegenden, pfannenförmigen Becken aus Metall. Nach Gebrauch dieses WCs kippte die Pfanne mit Betätigung eines Handgriffs nach unten, gleichzeitig öffnete sich der mit einem Schnur-, Ketten- oder Drahtzug versehene Verschluss des Spülkastens. Nach dem Spülen sprang die Pfanne dank Gegengewichten in ihre alte Position zurück und schirmte die von unten aufsteigenden Gerüche ab, weil vom Spülhergang darin etwas Wasser zurückblieb. Der untere Rand der Klosettschüssel tauchte zudem in die Pfanne hinein.

Pan closets genossen nicht den besten Ruf, weil sie mit einer komplizierten und störanfälligen Mechanik ausgerüstet waren und nicht ganz sauber spülten. Ein renommierter englischer Sanitärfachmann meinte 1890 etwas nonchalant: „Die einzige Freude, die das Publikum über ein so faules Ding haben kann, ist, mit ihm keine Bekanntschaft zu machen."[34] Dennoch wurden diese Klosetts in großer Zahl produziert und blieben bis ins 20. Jahrhundert hinein im Gebrauch.

Das Trichterklosett

Die Trichterklosetts (*hopper closets*) hatten den Vorteil, keine komplizierte Mechanik in Anspruch nehmen zu müssen. Eine einfache, trichterförmige Schüssel mit Öffnung unten und Einlass für das Spülwasser war alles, was

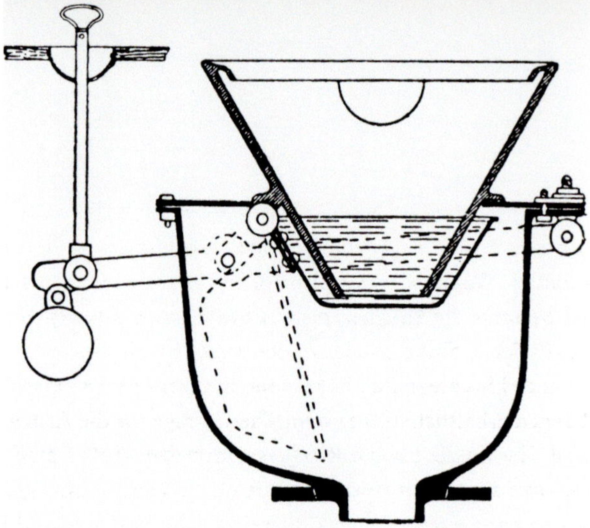

Pfannenklosetts waren von 1790 bis zum Zweiten Weltkrieg verbreitet. Anstelle einer Klappe oder eines Ventils schließt eine wassergefüllte „Pfanne" die Klosettschüssel.

Das Trichterklosett war eine sehr einfache Toilette, die gern für Dienstboten und arme Leute eingerichtet wurde.

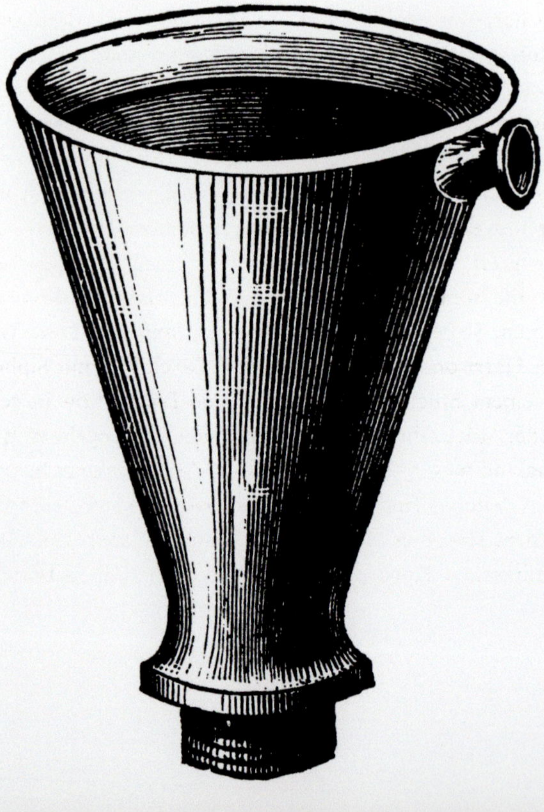

nötig war. Bei Betätigung der Spülung ergoss sich ein dünner Wasserstrahl spiralförmig nach unten und schwemmte die Fäkalien mehr schlecht als recht fort. Ein zusätzlicher Siphon sicherte den Geruchsverschluss. Die Trichterklosette waren in England in zwei –verschiedenen Längen erhältlich: das System The Cottage für die Armen und The Castle für die Reichen. Nach dem Aufkommen der frei stehenden Toiletten galt das Trichterklosett als ausgesprochener Abtritt für arme Leute und wurde in großer Zahl für Dienstboten und Fabrikarbeiter installiert, denn ein Trichterklosett kostete im 19. Jahrhundert rund fünfmal weniger als ein Tiefspülklosett.

Der Einsatz von Keramik

Einen riesigen Fortschritt in der Herstellung von wassergespülten Toiletten brachte der Einsatz von Keramik. Der englische Töpfer Thomas William Twyford of Hanley hatte festgestellt, dass die Herstellung der Keramikschüsseln für ein Klappenklosett rund zwei Schillinge kostete, hingegen die Anfertigung der mechanischen Teile aus Blech und Eisen rund das Zehn- bis Fünfundzwanzigfache dieses Betrages. Er stellte 1870 in Stoke-on-Trent das erste Wasserklosett aus glasierter Keramik mit Siphonverschluss her. Dieses frei stehende Keramikklosett (*pedestal vase*) war mit dem Verzicht auf Klappen und Ventile weitaus weniger störanfällig als seine Konkurrenten. Sieben Jahre später, 1877, gelang dem New Yorker Harrison das Brennen einer WC-Schüssel mit Siphon in einem Stück. Damit wurde eine Produktion in sehr hoher Stückzahl möglich. In der Folge entwickelte sich in England und in Amerika die sanitärkeramische Industrie.

Obwohl sich die Herstellungsprozesse stark verändert haben, sind diese neuartigen Keramikklosetts von ihrer technischen Konzeption her noch heute im Gebrauch. Man unterscheidet drei Typen: das Flachspülklosett, das Tiefspülklosett und das Absaugklosett.

Das Flachspülklosett

Das Flachspülklosett (*washout closet*) besteht aus einer flachen, mit Wasser gefüllten Schüssel und einem darunter liegenden Siphon. Bei Betätigung der Spülung werden die Fäkalien aus dieser Schüssel durch den Siphon weggeschwemmt. Ein Vorläufer des Flachspülklosetts wurde bereits 1851 entwickelt, doch erst 1875 kamen Flachspülklosette auf den Markt. Den größten Erfolg feierte Twyfords Modell National, das gemäß Angaben des Herstellers in knapp zehn Jahren 100 000-mal verkauft wurde. Die Ära der Flachspülklosette war am Ende des 19. Jahrhunderts vorbei. Man sah das Flachspülklosett als unhygienisch an, weil das Becken aufgrund des niedrigen Wasserstands leicht austrocknete und die aufsteigen-

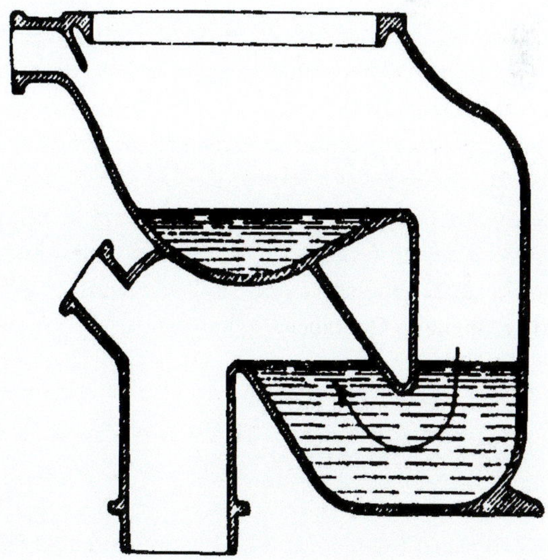

Schematische Darstellung des Flachspülklosetts.

den Gerüche nicht ohne Zusatzgeräte beseitigt werden konnten. In wärmeren Ländern wurden die Flachspülklosetts deshalb meist verboten. Verdrängt wurden sie durch die technisch überlegenen Tiefspülklosetts.

Das Tiefspülklosett

Während beim Flachspülklosett die Fäkalien zuerst in ein Becken hineinfallen, ist dieses beim Tiefspülklosett (*wash-down closet*) mit dem Einlauf zum Siphon kombiniert. Beim Spülvorgang wird das schmutzige Wasser verdünnt und die festen Stoffe werden mithilfe der beim Überlaufen des Siphons entstehenden Sogwirkung weggeschwemmt. Der Einlauf des Spülwassers ins Klosettbecken ist bei den seit 1890 produzierten Tiefspülklosetts im Allgemeinen einheitlich gelöst. Er befindet sich stets an der rückseitigen Beckenwand genau über jener Stelle, wo die Exkremente auf die Keramik auftreffen. Dadurch wurde die Reinigung der Klosettschüssel deutlich verbessert.

Auch in anderer Hinsicht schien ein Tiefspülklosett viel zu bieten. Eine Werbung versprach: „Es hat auch keine vorspringenden Teile, die man mit dem Fuß abtreten und dann als Wurfgeschoss verwenden könnte. Dieses Klosett ist daher für Gebäude geeignet, wo oft eine gewaltsame Behandlung zu erwarten ist, wie z. B. in Gefängnissen, Polizeistationen, Obdachlosenheimen, Krankenhäusern und Schulen. Es ist aber auch für den allgemeinen Gebrauch überall dort geeignet, wo es vor allem auf Einfachheit, Sauberkeit und Robustheit ankommt.“[35]

Das Absaugklosett

Beim Absaugklosett (*syphonic closet*) wurden das Wasser und der Inhalt des Beckens durch Sogwirkung des Siphons entfernt. Der Prototyp von John Randall Mann

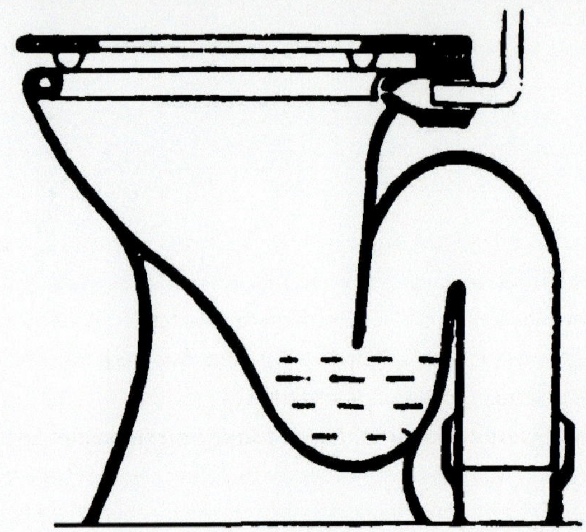

(1870) besaß gleich drei Spülleitungen: Das Wasser aus der ersten Leitung speiste den Spülring am oberen Rand des Beckens; die zweite Leitung schickte einen Schub von etwa zwei Litern auf den Grund der Schüssel los, was ein kurzeitiges Überschwappen des Siphons auslöste. Dies bewirkte einen Sog, der alle festen Stoffe aus der Schüssel riss. Die dritte Leitung war zur Nachspülung des Klosetts gedacht. Der größte Nachteil dieser Konstruktion war der hohe Wasserverbrauch. Die Absaugklosette fanden in den Vereinigten Staaten die größte Verbreitung, wo sie um die Jahrhundertwende noch verbessert wurden.

Die genannten WC-Typen wurden durch weitere Erfindungen in der zweiten Hälfte des 19. Jahrhunderts bereichert. So wurde ein Klosett mit Spülung und zusätzli-

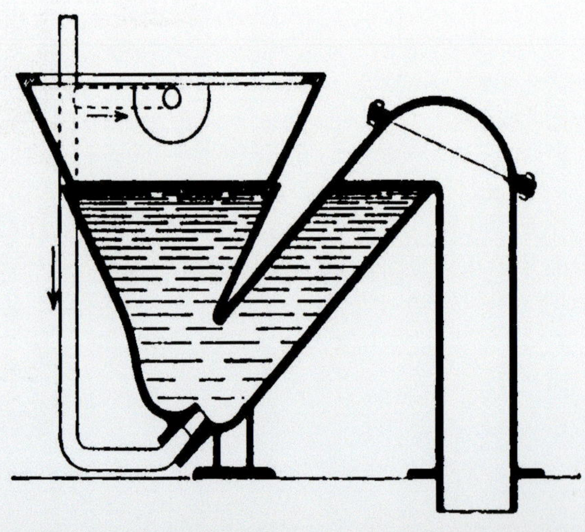

chem Wasserstrahl von unten her konstruiert, das zugleich Klosett und Sitzwaschbecken sein sollte. Dabei konnte heißes und kaltes Wasser aus dem Becken gesprüht werden und den glücklichen Besitzer zur Beendigung seiner Toilette gründlich abwaschen.
Ein sogenanntes Schiffsklosett funktionierte sogar unterhalb des Wasserspiegels und wurde in einige englische Luxusjachten eingebaut. Es arbeitete im pneumatischen Verfahren und ist damit ein Vorgänger des Vakuumklosetts des 20. Jahrhunderts.

Das Erdklosett

Bei all den erwähnten Klosetttypen war ein wesentliches Element unabdingbar: Wasser. Die Versorgung mit fließendem Wasser war jedoch ein langwieriger Prozess. Einen ganz anderen und im Hinblick auf den Umgang mit der Ressource Wasser viel ökologischeren Weg ging das Erdklosett. In seiner einfachsten Form bestand dieses Klosett aus einem schlichten Holzsitz, unter den ein Eimer gestellt wurde. Hinter dem Eimer war ein Behälter, in

Erdklosett mit Erdkasten, Dosierungsvorrichtung und „Streuegriff" (links). Unter den Sitz stellte man einen Kübel.

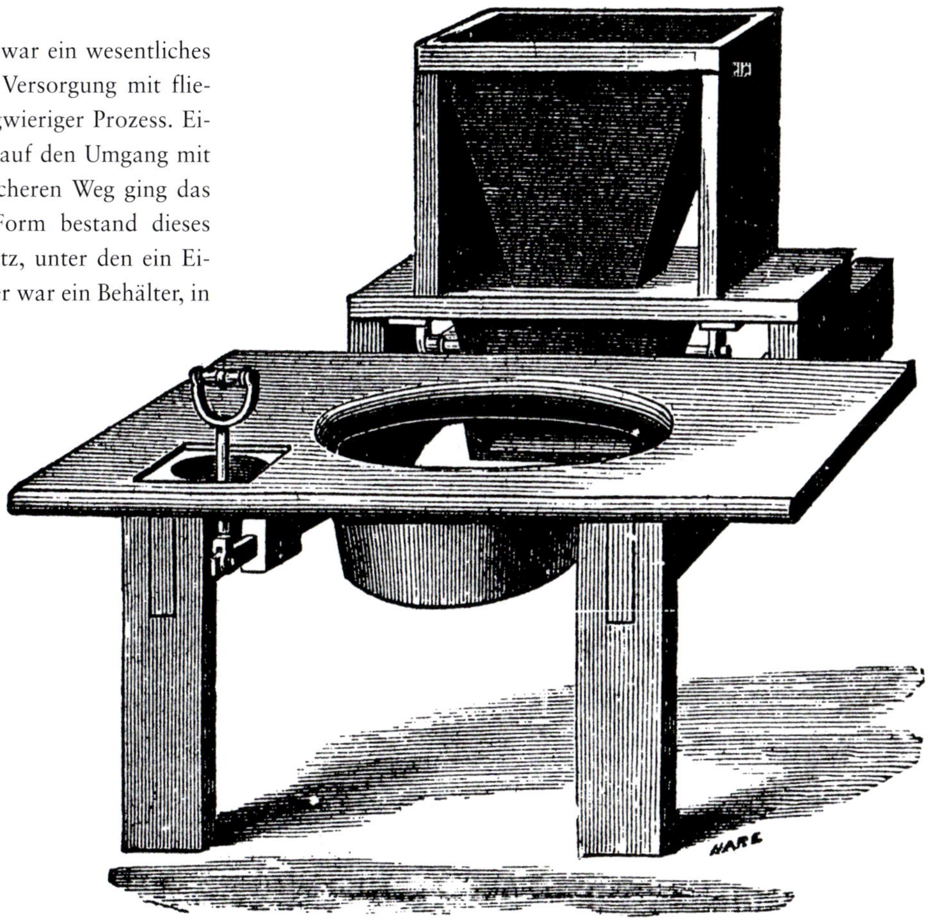

Linke Seite oben:
Das Tiefspülklosett beherrscht heute den Markt in Europa.

Linke Seite unten:
Die Sogwirkung des Siphons entfernt beim Absaugklosett das Wasser und den Inhalt des Beckens.

Feuer unter dem Hintern

Ein kurioses Kapitel der Entsorgung der Fäkalien ist das Feuerklosett. Bei diesem Toilettentyp versuchte man die Exkremente durch starke Erhitzung sehr rasch zu trocknen. Der Urin wurde abgeführt und häufig von Torferde aufgefangen. Für ein Mehrfamilienhaus war folgende Lösung vorgesehen: „Im Keller des zweigeschossigen Hauses ist der Verbrennungsofen des Feuerklosetts aufgestellt. Derselbe besteht im Wesentlichen aus zwei Teilen: a) aus zwei Walzen. Auf diese fallen die Fäkalien und breiten sich auf denselben, wenn die Walzen gedreht werden, in dünner Schicht aus. Die Drehung der Walzen erfolgt beim Öffnen und Schließen der zum Klosett führenden Tür vermittels eines Drahtseiles, das an der Tür befestigt ist; b) aus der Feuerungsanlage. Zur Heizung dient Holz oder Kohle. Das Feuer bestreicht die Walzen und verbrennt die Fäkalien. Auch das Feuer wird durch das oben erwähnte Drahtseil reguliert, indem ein Schüttelrost eine umso größere Menge Brennmaterial hergibt, je häufiger das Klosett benutzt wird. – Der Verbrauch von Feuerung ist gering. Die Resultate des neuen Apparates sollen günstiger sein. Ein einziges Fallrohr verbindet alle Klosetts beider Geschosse mit dem Ofen." (Hösel 1987, S. 147) In Leipzig gewann noch 1892 ein „Verbrennungsofen für Fäkalien" eine goldene Medaille. Geworben wurde mit den Worten: „Der Apparat ist dazu bestimmt, Fäkalien und sonstige organische Abfälle der Hauswirtschaft zu trocknen bzw. rauch- und geruchlos zu verbrennen. Die in dem Ofen erzeugte Wärme kann im Winter zur Heizung des Hauses mit verwendet werden.".

dem sich feine, trockene Erde, Torfmull, Kohle oder Asche befanden. Wenn an einem Griff gezogen wurde, fiel eine Schicht des Streumaterials in den Eimer und bedeckte die Fäkalien, was die Geruchsbildung unterdrückte und die Kompostierung in Gang setzte. In regelmäßigen Abständen musste der Eimer geleert werden.

Um 1860 warb der englische Pfarrer Henry Moule nachdrücklich für diesen Klosetttyp. Er hatte ermittelt, dass man zur Umwandlung einer menschlichen Defäkation (125–150 g Kot und 250–300 g Urin) anderthalb bis zwei Pfund sorgfältig getrocknete Erde brauchte. Man kann rasch ausrechnen, dass sowohl der Bedarf an Streumaterial als auch die Menge des anfallenden Kompostmaterials bei einem solchen Trockenabort auf die Dauer beachtlich waren. Eine vierköpfige Familie, in der jedes Familienmitglied pro Tag nur ein einziges Mal diese Toilette benutzt hätte, würde in einem Monat 120 Kilogramm Streumaterial benötigt haben.

Es liegt auf der Hand, dass das Erdklosett in einer Stadt nur als Nischenlösung eingesetzt werden konnte. Eine flächendeckende Einrichtung hätte unweigerlich gewaltige logistische Probleme mit sich gebracht. Arbeitersiedlungen, Sportstadien, Schulen, Armenanstalten und Gefängnisse waren denn auch das bevorzugte Einsatzgebiet dieser Toiletten. Heute hat das Erdklosett nur noch in den Siedlungs- und Gartenstadtbewegungen eine gewisse Bedeutung. Nur selten ist es als Alternative zu einem Wasserklosett installiert.

Erfolg und Misserfolg

Nach dieser Exkursion in die Gefilde der Technik ist noch eine wichtige Frage zu beantworten. Welchen Erfolg hatte Sir John Haringtons Erfindung zu verzeichnen? Wer geglaubt hätte, der Einbau in die königlichen Gemächer

Für den politischen „Kleinkrieg" war der Nachttopf bestens geeignet. So zeigt ein englischer Nachttopf aus der Zeit der Französischen Revolution auf dem Grund des Gefäßes eine Büste Napoleons. Was der patriotische Inselbewohner seinem französischen Erzfeind antun konnte, braucht nicht erklärt zu werden.

würden einen Boom auslösen, sah sich getäuscht. Nur einige vermögende Leute, vor allem Adelige, leisteten sich in England eine wassergespülte Toilette. So gab es für die englische Königin Anne (Königin 1702–1714) „einen Ort der Erleichterung, gefertigt aus Marmor und versehen mit einer Waschrinne, die alles wegwusch". Und 1718 berichtet ein Zeuge von einer „hübschen Maschine" im Gebäudetrakt eines Adeligen in Surrey, welche „von einem dünnen, fingerdicken Wasserstrahl gereinigt wurde"[36].

Auf dem europäischen Kontinent galt die wassergespülte Toilette noch das ganze 18. Jahrhundert hindurch als extravaganter Luxus. So findet sich in einem Inventar des deutschen Kurfürsten Clemens August aus dem Jahr 1761 der ausdrückliche Vermerk, es befände sich im Schloss ein „Nachtstuhl mit Wassermaschine"[37]. Im Jahr 1774 ließ sich der französische König Ludwig XVI. (1774–1792) anlässlich seiner Krönung in Reims eine Toilette mit Wasserspülung nach englischem Vorbild einbauen. Es war die erste ihrer Art in Frankreich.

Selbst mit der technischen Weiterentwicklung des Wasserklosetts ließ der durchbrechende Erfolg auf sich warten. Die Ursachen dafür sind einfach zu finden: Die entscheidenden Voraussetzungen waren noch nicht erfüllt. Zu diesen Voraussetzungen gehörten: erstens die Versorgung mit Wasser; zweitens eine Kanalisation oder zumindest ein System, mit dem die Fäkalien weggeführt werden konnten; drittens die Akzeptanz der Bevölkerung.

Wertvolles Wasser

Wie wertvoll Wasser in früheren Jahrhunderten war, ist uns heute schwer verständlich. Vor allem in der Stadt war die Beschaffung von Wasser beschwerlich. Wer es sich leisten konnte und sein Wasser nicht selbst aus öffentlichen Brunnen nach Hause schleppen musste, ließ es sich von einem Träger bringen. Das hatte seinen Preis! In Paris kostete ein Kubikmeter etwa drei bis vier Livres, was dem Lohn von mindestens zwei Arbeitstagen entsprach. Unter diesen Umständen scheuten selbst wohlhabende Zeitgenossen den Gebrauch einer wassergespülten Toilette und verrichteten zur Zeit der Revolution (1789) ihre Notdurft lieber auf einer *chaise de commodité* – einer Art Nachtstuhl. Die Mehrheit verwendete nach wie vor einen einfachen Nachttopf oder suchte einen von meist mehreren Personen benutzten Abtritt auf. Die Entsorgung der Fäkalien folgte meist noch immer nach antikem Muster: Der Inhalt des Nachttopfs wurde gewöhnlich kurzerhand zum Fenster hinausgeschüttet. Die Pariser Stadtbehörde hatte bereits 1371 eine Anordnung erlassen, nach der vorübergehende Passanten mit dem Ausruf *garde à l'eau*! zu warnen waren. Dieser Ausruf wurde zur stehenden Redewendung, in leicht abgewandelter Form sogar in Edinburgh, wo es Sitte war, *gardy-loo*! zu schreien, bevor man seinen Nachttopf leerte. Dazu kam in Edinburgh noch eine andere Dienstleistung. In einem Handbuch zur Sanitärtechnik aus dem Jahr 1893 ist zu lesen: „Als der Luxus des WC noch unbekannt war, war es auch Sitte, dass in weite Pellerinen gehüllte Männer in den Straßen Edinburghs auf- und abgingen, große, auf einem Joch hängende Eimer schleppend. Ihre Mäntel waren weit genug, um den Eimer und die Kundschaft zu bedecken. Die Männer riefen: Who wants me for a bawbee [etwa: Wer will mich für ein ‚großes Geschäft'?]?"[38] Verbürgt ist das auch für die Hansestadt Hamburg, in der dieser Service noch bis zum Ende des 18. Jahrhunderts angeboten wurde.

Kampf dem hohen Wasserverbrauch

Viele frühe WC-Konstruktionen zogen diese mühsame und aufwendige Beschaffung des Wassers in Betracht.

Deshalb diente der Spülkasten, der mit dem Eimer von Hand nachgefüllt werden musste, hauptsächlich als ein Wasserreservoir. Nicht selten schenkte man jedoch einer wirksamen Spülung aus Überlegungen der Sparsamkeit nicht genügend Aufmerksamkeit. Mit der Einführung der öffentlichen Wasserversorgung stellte sich dann ein anderes Problem: Die Spülkästen ließen ständig Wasser überlaufen. Nicht zuletzt aus der Angst, der wachsenden Nachfrage nicht mehr nachkommen zu können, reagierten in England viele private Wassergesellschaften. Eine Anordnung aus dem Jahr 1823 für die Stadt Manchester hält fest: „Um zu vermeiden, dass Wasser verschwendet wird, hat jeder, der Wasser für Spülungen bezieht, einen richtigen Spülkasten zu besitzen. Der Spülkasten soll ausreichend groß sein. Er ist mit einer Kugel und einem Wasserverschluss an der Rohrzuleitung zu versehen. Damit wird verhindert, dass Wasser weiter in den Spülkasten fließt, wenn er schon gefüllt ist."[39] Wie diese Anordnung zeigt, wurden ein fachmännischer Spülkasten und ein effizienter Wasserverschluss als geeignete Mittel angesehen, den Wasserverbrauch in sinnvollen Grenzen zu halten. Doch dieses Ziel war nicht einfach zu erreichen, wie ein englisches Gesetz aus dem Jahr 1847 ahnen lässt: „Jede Person, die Wasser bezieht und defekte Spülkästen, Rohre, Kugel- oder Stopfventile nicht repariert, sodass das zugelieferte Wasser ständig ausläuft, muss als Strafe eine Summe bis zu fünf Pfund bezahlen."[40]

Technische Lösungen ließen indessen nicht lange auf sich warten: Ab 1845 war man dank massenhafter Produktion von technisch ausgereiften Kugelventilen in der Lage, die immer strengeren Richtlinien der Wassergesellschaften zu erfüllen. Zwischen 1870 und 1880 folgte ein neuer Schub technischer Verbesserungen. Die Vorläufer der uns heute noch bekannten Spülkastenventile wurden entwickelt. 1892 produzierte man schließlich auch den Siphon-Spülkasten, bei dem der Spülvorgang sich mehrfach unterbrechen ließ.

Wassergesellschaften griffen nicht selten zu drastischen Maßnahmen, um den Wasserverbrauch einzuschränken. Einige drehten über Nacht den Wasserhahn ab, andere begrenzten den Service auf ein paar Stunden am Tag oder stoppten die Lieferung an Kunden, deren Verbrauch als unverhältnismäßig angesehen wurde. Lautstarke Proteste seitens der Verbraucher und Sanitärfachleute konnten nicht ausbleiben. Der englische Sanitärfachmann Stevens Hellyer brachte das Dilemma auf den Punkt: „Die Wassermenge, die von verschiedenen Wasserversorgungs-Gesellschaften zugelassen und durch Gesetz des Parlaments (Metropolis Water Act 1871) genehmigt ist, beträgt zwei Gallonen für jede Benutzung der Spülung. Zwei Gallonen, um einen Haufen aus dem WC-Becken durch viele Fuß unterirdischer Rohre und Drainage zu leiten, diese Rohre nachher zu spülen und das Ganze zu säubern! Das ist fast so schwierig, wie Backsteine ohne Stroh zu machen."[41]

Nun, diese Aufgabe war zu bewältigen! Auf der Londoner Gesundheitsausstellung von 1884 erhielt eine Toilette eine Goldmedaille, die mit zwei Gallonen (gut neun Liter Wasser) folgenden Inhalt beseitigte: zehn Äpfel, einen flachen Schwamm, eine nicht näher beschriebene Schmiere, die der Installateur dazugab, und vier Stück Papier.

Aufbau einer zentralen Wasserversorgung

In den meisten europäischen Ländern setzte sich eine effiziente Versorgung mit fließendem Wasser in der zweiten Hälfte des 19. Jahrhunderts durch. In Deutschland beispielsweise hatten 1876 schon elf der zwölf Großstädte mit über 100 000 Einwohnern eine zentrale Wasserversorgung, von den 124 Städten mit einer Einwohnerzahl zwischen 10 000 und 100 000 freilich erst 61. Zunächst fasste die neue Errungenschaft des WCs in den Städten und in den gutsituierten Haushalten Fuß. Bleiben wir beim Beispiel Deutschland: Schon 1840 wurden in Hamburg die ersten Wasserklosetts und wenig später auch die Schwemmkanalisation eingeführt. Um 1880 verfügte schließlich jeder vierte städtische Haushalt in Deutschland über eine Toilette mit Wasserspülung. Die Folge war ein gewaltiger Anstieg des Wasserverbrauchs. In Hamburg, wo der Lieferpreis des Wassers nach der Zahl der Zimmerräume berechnet wurde, verbrauchte 1884 eine Person pro Kopf und Tag 240 Liter. In diese Zahl eingeschlossen sind neben der Toilette der Verbrauch für Küche und Bad (zum Vergleich: Im Jahr 2009 wurde rund ein Drittel des Wasserverbrauchs eines Haushalts allein für die Spülung der Toilette verbraucht).

Als zweite Voraussetzung haben wir die Kanalisation genannt. Hier sei noch kurz auf die wachsende Akzeptanz des WC eingegangen. Eine Vielzahl von Faktoren haben dabei eine Rolle gespielt. Sicherlich waren der technische Fortschritt, die Geruchsbeseitigung, die effiziente Spültechnik oder die niedrigeren Kosten von Bedeutung. Doch viel wichtiger war das zunehmende Bewusstsein der Hygiene, das sich angesichts der Cholera-epidemien, die Europa im 19. Jahrhundert immer wieder heimsuchten, ausbildete. So wurde in England unter dem Eindruck der vielen Todesopfer durch die Cholera 1848 das erste Gesundheitsgesetz, der *Public Health Act* erlassen. „Eine ihrer vielen Klauseln machte es für alle neuen Londoner Häuser verpflichtend, mit WC, ‚Häuschen‘ oder ‚Aschengraben‘ ausgerüstet zu sein."[42] Im Jahr 1875 folgte eine Reihe von Gesetzen, welche die Einrichtung von sanitären Anlagen in allen Neubauten in ganz Großbritannien zur Pflicht machte. Obwohl auch jetzt noch Trockenklosette oder Abortgruben mit Aschengraben toleriert wurden, war der Siegeszug der Toilette mit Wasserspülung in Haringtons Heimat eingeläutet. Diesem Trend folgten auch die anderen Staaten Europas und die Vereinigten Staaten.

Die bürgerlichen Schichten waren im 19. Jahrhundert die gesellschaftlich treibende Kraft. Viele Historiker bezeichnen deshalb diese Epoche als das „bürgerliche Zeitalter". Auch im Hinblick auf die Geschichte des stillen Örtchens zeigt sich dies, denn es war in den bürgerlichen Kreisen, in denen sich das hygienische Bewusstsein zuerst Bahn brach und das WC immer häufiger benutzt wurde.

Beispielhaft zeigt sich diese Vorreiterrolle des Bürgertums im Vergleich zu der konservativen Haltung gegenüber der neuen Technik auf dem Land. Hier war die Nachfrage nach der wassergespülten Toilette äußerst gering. Viele Bauernhöfe verfügten über keine Wasserversorgung im Haus. Das Wasser musste vom Brunnen oder der Pumpe geholt werden. „Viele Familien verrichteten ihre Notdurft ohne Scheu auf dem gemeinsamen Mist oder im Scheunengang"[43], heißt es noch 1895 über den an sich von ländlicher Wohlhabenheit geprägten Regierungsbezirk Magdeburg.

Ein stilles Örtchen in der Natur. Das Plumpsklo war gerade auf dem Land noch lange Zeit gang und gäbe.

Öffentliche Bedürfnisanstalten in europäischen Städten

„Ihre Sauberkeit ist derart, dass man sie in den meisten Privathäusern vergeblich suchen würde; daher werden sie von vielen benützt, gegen eine Gebühr von 15 centimes oder 3 sous, die man beim Verlassen entrichtet.“[44] Mit diesen Worten beschreibt ein Reiseführer im Jahr 1820 den Komfort der gerade einmal acht öffentlichen Bedürfnisanstalten in der französischen Hauptstadt.

Angesichts der Tatsache, dass Rom schon in der Antike über 144 luxuriöse öffentliche Toiletten verfügte, nimmt sich diese Zahl eher bescheiden aus. Dabei war der Gebrauch von öffentlichen Bedürfnisanstalten nicht in Vergessenheit geraten. In den meisten mittelalterlichen Städten hatte es öffentliche Aborte gegeben – meist in der Nähe eines Stadttores oder einer Brücke. Allerdings lassen sich stichhaltige Belege dafür erst im Spätmittelalter erbringen: Frankfurt kannte 1348, London 1383 öffentliche Bedürfnisanstalten; im Jahr 1455 sind sie in Basel und 1524 in Zürich nachweisbar; etwa um die gleiche Zeit wurden in Braunschweig an verschiedenen Orten „Pisskammern“ angelegt. Aber erst als man gegen Ende des 19. Jahrhunderts der öffentlichen Hygiene immer mehr Aufmerksamkeit schenkte und eine zentrale Wasserversorgung mit Kanalisation erbaute, stieg die Zahl der öffentlichen Toiletten drastisch an.

Die Weltausstellung in London

Wie fassten die öffentlichen Bedürfnisanstalten in der Heimat der wassergespülten Toilette wieder Fuß? Es war die erste Weltausstellung im Jahr 1851, die in London eine neue Ära einläutete. Im eigens für die Ausstellung errichteten Kristallpalast, einer riesigen Kuppelhalle aus Glas und Eisen, erwartete die Zuschauer eine Exklusivität: Neben der Zurschaustellung von modernster Technik – der Nähmaschine, dem Colt Revolver, dem elektrischen Telegrafen, der Daguerreotypie und vielem mehr – gab es auch öffentliche Toiletten. Man führte genau darüber Buch, wie viele Personen die Einrichtung in Anspruch nahmen. 827 280 Personen oder 14 Prozent der Besucher und Besucherinnen benutzten die wassergespülten Toilettenanlagen.

Nach der Ausstellung wurde der Kristallpalast demontiert und im Süden Londons, in Sydenham, wieder aufgebaut. Nur gegen Widerstand konnte jedoch der Einbau von öffentlichen Toiletten an den neuen Örtlichkeiten durchgesetzt werden. Zuvor war George Jennings, der im alten Kristallpalast den Einbau von Toiletten erwirkt hatte, gewarnt worden, dass „niemand nach Sydenham kommen würde, um sich die Hände zu waschen“ – sprich die Toiletten zu benutzen. In Bezug auf die natürlichen Bedürfnisse waren solche Umschreibungen keine Seltenheit. Die Ausstellung fand im Viktorianischen Zeitalter statt; in einer Zeit, in der Frauenunterhosen verschämt als die „Unaussprechlichen“ bezeichnet wurden. Zum Glück setzte sich Jennings durch und seine Toiletten wurden rege gebraucht.

Die „Halting Stations“

Pro Jahr wurden in London mit seinen öffentlichen Toiletten rund 1000 Pfund eingenommen. Angespornt durch diesen Erfolg suchte Jennings 1858 auch an anderen Orten öffentliche Toiletten – er nennt sie *halting stations* – errichten zu lassen.

Öffentliche Bedürfnisanstalt (Lithografie um 1820).

Öffentliche Toiletten sind heute eine Selbstverständlichkeit. Man vergisst, dass es bis zu Beginn des 20. Jahrhunderts in vielen europäischen Städten nicht ungewöhnlich war, sich in aller Öffentlichkeit zu erleichtern. Davon zeugen noch zur Jahrhundertwende aufgenommene Fotografien, auf denen Männer und Knaben in eindeutiger Körperhaltung zu sehen sind. Der Hosenschlitz – auch er hat seine Geschichte – machte das kleine Geschäft zur einfachen Sache. Bei den Frauen ließ speziell angefertigte Unterwäsche das Urinieren im Freien, stehend, im langen Kleid zu. Die gebräuchlichen Frauenunterhosen waren nicht zugenäht. Noch in dem 1918 erschienenen Oeuvre *Die tüchtige Hausfrau* sind derartige, zweiteilige, „offene" Unterhosen mit Schnittmuster abgebildet.

Die Unterhose hat im Unterschied zu anderen Kleidungsstücken eine vergleichsweise kurze Geschichte. In der Antike fand man nichts dabei, unter den weit geschnittenen Gewändern nackt zu gehen. Sofern im Mittelalter und der Neuzeit Unterwäsche überhaupt getragen wurde, war sie bis zum 19. Jahrhundert eher schlicht und bestand aus einem weiten Hemd. Es handelte sich dabei meist um ein bis über die Knie reichendes Gewand aus grobem oder feinem Leinenstoff. Als einziges Unterbekleidungsstück vereinigte es die Funktionen von Unterhemd, Unterhose und Unterrock. Es war das Kleidungsstück, das dem Körper am nächsten lag und wurde von Leuten, die es sich leisten konnten, täglich gewechselt. Bis in die Mitte des 19. Jahrhunderts galten Unterhosen als schamlos und unweiblich. Mutige Frauen aus der Oberschicht trugen bereits um 1800 auf Reisen oder auf der Jagd seidene Frauenpantalons. Besonders in der kalten Jahreszeit trugen auch die Damen Unterhosen. Aber für die Mehrheit stellte bis etwa 1900 das Hemd die einzige Form der Leibwäsche.

Im Zuge der hygienischen Bewegung und im Zusammenhang mit der Verschiebung der Schamgrenze in der zweiten Hälfte des 19. Jahrhunderts war das Tragen der Unterhose auch für Frauen zunehmend üblich und das Pinkeln in der Öffentlichkeit nicht mehr länger toleriert und gar gesetzlich verboten. Schon früher ging man im Herrschaftsgebiet der Kaiserin Maria Theresia (1717–1780) gegen das Pinkeln in der Öffentlichkeit vor. Eine Sittenpolizei, die sogenannte „Keuschheits-Kommission", wurde hier 1751 ins Leben gerufen und wachte streng über die Einhaltung dieses Verbots.

Giacomo Casanova, der sich 1754 in Wien aufhielt, wusste davon eine Geschichte zu erzählen: „Es war schwer, selbst ganz natürliche Bedürfnisse zu befriedigen. Ich war überrascht, als ich eines Tages in einem Gässchen an der Mauer stand, von einem Strolch in runder Perücke angefahren zu werden, der mir sagt, ich sollte mich anderswohin scheren, sonst würde er mich verhaften lassen. ‚Und warum bitte?' ‚Weil da links von ihnen eine Frau ist, die sie sehen kann.' Ich blickte auf und sah im vierten Stock den Kopf einer Frau, die mit einem Fernrohr wohl hätte unterscheiden können, ob ich Christ oder Jude war. Lachend kam ich dem Befehl nach. Ich erzählte mein Erlebnis überall, aber kein Mensch wunderte sich darüber, denn so etwas kam jeden Tag hundertmal vor."

Ein „dringendes Bedürfnis".
Radierung Rembrandts von 1631.

Benutzungsordnung einer öffentlichen Bedürfnisanstalt in München (1900)

Das Publikum ist verpflichtet: 1. sich in den öffentlichen Bedürfnisanstalten anständig und bescheiden zu benehmen. 2. Es ist verboten, die Zellen zu verunreinigen, die Wände zu beschmieren und sich auf die Abortsitze zu stellen. 3. Die Gebühr für Benützung der Anstalt beträgt bei Inanspruchnahme der 1. Klasse 10 Pfennig, 2. Klasse 5 Pfennig und wird vor Eintritt in die Zelle erhoben. 4. Bei Inanspruchnahme der 1. Klasse ist der volle Betrag von 10 Pfennig auch dann zu bezahlen, wenn die Waschtoilette nicht benützt wurde. 5. Die Zellentüre ist während der ganzen Dauer der Benützung geschlossen zu halten. Die Eintrittsgebühr wird so oft erhoben, als die Zellentür geschlossen wird. 6. Den Anordnungen der Wärterin ist Folge zu leisten.

„Ich bin überzeugt, dass der Tag kommen wird, wenn öffentliche Toiletten (*halting stations*) reichlich mit allen nur möglichen Annehmlichkeiten ausgestattet sind und sich an allen Orten, wo viele Menschen zusammen kommen, erbaut werden. Man stelle sich eine solche perfekte Toilette vor, mit einem respektablen Aufseher, welcher unter Androhung seiner Entlassung jeden Toilettensitz nach dessen Benutzung mit einem feuchten Ledertuch reinigen muss. Der nämliche Aufseher muss jedem Benutzer ein sauberes Handtuch reichen oder Kamm und Bürste denen, die dies brauchen.“[45]

Seinen Überlegungen zufolge sollten diese öffentlichen Anstalten unterirdisch erbaut werden. An den Wänden sollten Eisenbahnfahrpläne und Preislisten von Kutschen die Benutzer informieren. Jennings Idee der öffentlichen Toiletten wurde schließlich nicht Punkt für Punkt umgesetzt. Doch der Siegeszug der öffentlichen Toilettenanlagen ließ sich nicht aufhalten. Nicht nur in London, sondern auch in anderen europäischen Städten begann sich die Zahl der öffentlichen Bedürfnisanstalten zu erhöhen. Eine geraffte Statistik vermittelt folgendes Bild.

Berlin: Im Jahre 1824 wird in der Nähe der Nicolaikirche die erste öffentliche Bedürfnisanstalt, und zwar als „einständige Stehanstalt“, errichtet. 1882 gibt es 85 öffentliche Bedürfnisanstalten. München: Um 1900 sind 23 Vollanstalten und 21 Pissoirs in Betrieb. Zürich: 1893 zählt man 18 Pissoirs mit 60 Ständen.

Eine Ausnahmeerscheinung sind Hamburg und Paris. In Hamburg gab es am 1. Januar 1914 an geeigneten Plätzen über das ganze Stadtgebiet verteilt insgesamt 271 Bedürfnisanstalten mit 1082 Pissoirständen, 402 Abortsitzen für Männer und 287 für Frauen. Einen einsamen Rekord hielt Paris: Es besaß zu Beginn des 20. Jahrhunderts rund 4000 Pissoirs, die legendären *vespasiennes*.

Widerstand der Bevölkerung

Die Einrichtung von öffentlichen Toiletten löste in der Bevölkerung oftmals heftigen Widerstand aus. Die hauptsächlichen Kritikpunkte waren die angeblich hohen Kosten, die außerordentliche Geruchsbelästigung und die Angst vor unsittlichen Einflüssen. Die Geruchsbelästigung, die von den öffentlichen Bedürfnisanstalten ausging, war in der fehlenden Wasserversorgung zu suchen. Man war gezwungen, Trockenpissoirs zu verwenden, die meist nur aus einer mit Metall beschlagenen Holzrinne bestanden, durch die der Urin in eine Tonne oder Grube geleitet wurde. Als Weiterentwicklung benutzte man so-

„Die schönste öffentliche Bedürfnisanstalt der Welt" (ADAC-Führer) befindet sich in Österreich. Es handelt sich um eine Jugendstiltoilette am Graben in Wien.

genannte Ölpissoirs, bei denen die vom Urin berührten Flächen mit einer imprägnierenden Ölfarbe bestrichen waren, was einen rascheren Abfluss des Urins zur Folge hatte. Der Zürcher Fritz Ernst, der sich das Patent auf diese Erfindung für die Schweiz kaufte, entwickelte weitere effiziente und kostengünstige Verbesserungen: Anstelle des Ölanstrichs nahm er wasserabstoßende, halbrunde Pissoirplatten aus künstlichem Material (er nannte das Material „Teerolith").

Nach Regelung der Wasserversorgung bürgerten sich schließlich Pissoirs mit Wasserspülung ein. Für öffentliche Abortanlagen in Ortschaften ohne zentrale Wasserversorgung und Kanalisation verwendete man wie in Privathäusern zunächst Grubenaborte, Kübelaborte, Erd-, Torfstreu oder Ascheklosetts. Als unschicklich und rückständig wurden mehrsitzige Aborte empfunden.

Moral und öffentliche Toilettenanlagen

Sittlich oder unsittlich – moralisch oder unmoralisch? Welcher Kategorie waren die öffentlichen Bedürfnisanstalten zuzuordnen? Der Geschäftsführer einer französischen Plakatgesellschaft bemerkte im vollen Ernst: „Die Anschläge, die sich an den Pissoirsäulen befinden, dürfen von keiner Frau gelesen werden, selbst wenn sie am Arm ihres Gatten ist."[46] Viele öffentliche Bedürfnisanstalten galten zudem als Stätten der Prostitution und der Kriminalität und wurden bei einbrechender Dunkelheit gar nicht mehr aufgesucht.

Die Einführung der öffentlichen Toiletten symbolisiert einen weiteren Schritt in der „Privatisierung" der Notdurft. Die Bemühungen der Behörden gingen dahin, den Leuten das Urinieren und Defäzieren in der Öffentlichkeit

Mobile Bedürfnisanstalt; das Sanitärsystem Toi-Toi im Jahr 2006 im Einsatz vor dem Berliner Hauptbahnhof.

TOI TOI
TOI TOI
TOI TOI
TOI TOI
TOI TOI
TOI TOI
TOI TOI

abzugewöhnen. „Wer auf Straßen, Plätzen oder Promenaden der Stadt an anderen als den dazu bestimmten Orten die Notdurft verrichtet, wird polizeilich bestraft“[47], brachte es eine polizeiliche Verordnung auf den Punkt. Ehemals tolerierte Verhaltensweisen galten jetzt als unanständig und wurden gesellschaftlich geächtet.

Die Bestrebungen, die Stadtbewohner zu „gesitteten“ Bürgern zu erziehen und zur Benützung von öffentlichen Bedürfnisanstalten zu zwingen, hatten auch einen Einfluss auf die Körperhaltung beim Defäzieren. Stadtzuzügler aus ländlichen Gebieten waren es gewöhnt gewesen, ihre Notdurft stehend oder kauernd zu verrichten. Im Stall, auf dem Hof oder auf dem Feld war dies die sinnvollste Weise gewesen. Dieser Gewohnheit blieben sie treu: Sie setzten sich nämlich beim Defäzieren nicht auf das Sitzbrett der Toilette, sondern kletterten darauf und erleichterten sich stehend in die Klosettschüssel. Das 1883 in Deutschland erstmals erschienene Handbuch der Architektur schlug auf mehr als einer Seite Maßnahmen vor, wie diesem Übel abzuhelfen sei. „Man bringt über dem Abortsitz einen waagrechten Balken in solcher Höhe (etwa 80 Zentimeter über dem Sitzbrett) und in solchem Abstande von der Rückwand an, dass ein Stehen unmöglich und die sitzende Stellung zur Notwendigkeit gemacht wird.“[48] Am wirksamsten erwies sich jedoch der Verzicht auf den Sitzabort und der Wechsel zum sogenannten Hockabort: „In derartigen Aborten (*à la turque*) ist meist nur ein erhöhter steinerner Tritt mit Brillenloch vorhanden; um das Verunreinigen der Füße zu verhüten, werden vorspringende Trittspuren angeordnet. Diese Einrichtung wird auch in Gusseisen ausgeführt.“[49]

Kaum hatte man die Männer übrigens dazu erzogen, sich hinzusetzen, als man dem übermäßigen Sitzenbleiben mit teilweise drakonischen Methoden einen Riegel vorzuschieben suchte. Fabrikbesitzern gab man den Ratschlag, scharfkantige Leisten auf das Abtrittbrett nageln zu lassen, um die Arbeiter zu kurzem Verweilen zu zwingen.

Siegeszug des WCs?

Auf dem ersten „Weltkongress der Toilette“ im November 2001 musste man zur Kenntnis nehmen, dass noch immer 40 Prozent der Weltbevölkerung keinen Zugang zu einer Toilette mit Wasserspülung haben. In den Entwicklungsländern ist das WC längst noch keine Selbstverständlichkeit. Während hier immerhin rund drei Viertel der städtischen Bevölkerung Sanitäreinrichtungen benutzen können, sinkt der Anteil an wassergespülten Toiletten auf dem Land auf gut ein Fünftel.

Zu Beginn des 21. Jahrhunderts hat das WC die Welt noch immer nicht erobert (aus ökologischen Überlegungen ist dieses Ziel allerdings auch nicht anzustreben). Wer die historische Dimension berücksichtigt, ist darüber nicht erstaunt. In Frankreich zeigte sich vor rund 50 Jahren folgendes Bild: 1954 besaßen gerade einmal 27 Prozent der Haushalte ein WC in den eigenen vier Wänden und nur 10 Prozent hatten ein Bad oder eine Zentralheizung. Dabei verdecken diese Zahlen, dass das Aufkommen der Toilette mit Wasserspülung zunächst ein urbanes Phänomen war und die ländlichen Gebiete nur mit großer Verzögerung von der neuen Errungenschaft profitierten.

Wer den zeitlichen Horizont noch weiter öffnet, stellt fest, dass das WC erst im 19. Jahrhundert in den Häusern der besser gestellten Leute zu finden ist. Es startete, wie gezeigt wurde, seinen Siegeszug in England, von wo aus es den europäischen und nordamerikanischen Kontinent eroberte und die sanitäre Situation nachhaltig veränderte. Eine Vielzahl von technischen Weiterentwicklungen und Verfeinerungen hatten den Weg dazu geebnet.

Toilettenkabinen in Siena mit Reproduktion der Skulptur „David“ von Michelangelo und dem Gemälde *Die Geburt der Venus*.

BLÜTENDUFT: DER HYGIENISCHE MENSCH

Ein Ort des Wohlgeruchs

Im Verlauf der Menschheitsgeschichte waren Wohlgeruch und Gestank nicht immer gleich definiert. Was uns heute übel in die Nase sticht, wurde in früheren Zeiten teilweise als angenehmer oder zumindest nicht störender Geruch empfunden. Das stille Örtchen muss heutzutage nicht nur blitzblank sein, sondern auch noch „sauber" riechen, denn was gut riecht, muss sauber sein. So wenigstens will es uns die Parfumindustrie glauben machen.

Es wäre indessen falsch zu glauben, der Mensch früherer Zeiten sei unempfindlich gegen schlechte Gerüche auf dem stillen Örtchen gewesen. Nicht selten finden sich Klagen über die Geruchsentwicklung der mittelalterlichen Aborte. Dass das stille Örtchen nicht eben Wohlgerüche verströmte, empfand man damals wohl nicht anders als heute.

Lange Zeit war das stille Örtchen ein Hort penetranter Gerüche. Durch die Platzierung des Lokus außerhalb des eigentlichen Wohnbereichs suchte man dem Problem beizukommen. So war es noch im letzten Viertel des 19. Jahrhunderts nicht üblich, die Toilette in die Wohnung einzubauen. Zur Geruchsentwicklung trug auch der Umstand bei, dass sich mehrere Haushalte die Toilette in der Regel teilten. Durchschnittlich stand in Zürich 1,5 Haushalten eine einzige Toilette zur Verfügung. Im Extremfall mussten sogar fünf Haushalte einen Abort gemeinsam benutzen, wobei ein Haushalt am Ende des 19. Jahrhunderts weit mehr Personen umfasste als eine heutige Kleinfamilie. Oft lebten Angestellte und Untermieter mit der Kernfamilie unter einem Dach. Eine Untersuchung kommt zu dem Ergebnis, dass sich im Schnitt 8,3 Personen mit einem einzigen Klosett begnügen mussten. Die meisten dieser Toiletten befanden sich direkt über dem Ehgraben; ein weiterer Teil im Treppenhaus, oft nur in einem Verschlag unter der Stiege, der Rest im Freien im Hof.

In den eigenen vier Wänden

Man kann sich vorstellen, dass die häufigen Besuche entsprechende Duftspuren hinterließen. Wer es sich leisten konnte, baute deshalb eine Toilette in den eigenen vier Wänden. Dieser Trend wird durch eine Statistik aus dem Jahr 1896 bestätigt. In diesem Jahr führte die Stadt Zürich die sogenannte Wohnungsenquête durch. Alle Wohnungen wurden inspiziert und mit einem einheitlichen Fragebogen erfasst. Die Auswertung ergab, dass sich jetzt nur noch durchschnittlich 1,3 Haushalte eine Toilette teilen mussten; 64 Prozent der Haushalte besaßen bereits eine eigene Toilette, die restlichen nutzten ihr Klosett mit einer oder mehreren Familien gemeinsam. Nur noch 89 Abtritte von insgesamt 5279 befanden sich in den Höfen im Freien. Baupläne und alte Fotografien illustrieren den Wandel: Wenn bestehende Häuser umgebaut wurden, so baute man häufig einen turmartigen, schmalen Abtrittanbau an, der sich dann meist im Hinterhof oder über dem Ehgraben befand. Im Keller des Anbaus lag der Kübelraum, auf jedem Stockwerk war ein Klosett eingerichtet. Vom obersten Abtritt führte ein Fallrohr in den Kübelraum hinunter. Die Verlängerung des Fallrohrs reichte nach oben bis aufs Dach und diente somit zur Entlüftung der Anlagen.

Noch immer handelte es sich bei den allermeisten Toiletten um Plumpsklos. Toiletten mit Wasserspülung bildeten die große Ausnahme. Das 1837 erbaute Zürcher Kantonsspital erhielt als eines der ersten Gebäude Toiletten mit Wasserspülung. Da die ersten Apparate nur einen unwirksamen Klappenverschluss besaßen, plagten Geruchsbelästigungen die Kranken. Nach fünf Jahren wurden die Toiletten durch einen Typ mit Sinktopf, einem einfachen Siphon, ersetzt. Die Spülgriffe wurden sowohl bei der älteren als auch bei der jüngeren Anlage nicht von Hand betätigt. Wann immer die Benutzer den WC-Deckel öffneten oder wenn sie die Sitzbrille hinunterklappten, begann das Wasser zu laufen. Architekturlehrbücher empfahlen solche „automatischen Spülvorrichtungen" für öffentliche Toiletten, weil die Leute noch nicht an das regelmäßige Spülen gewöhnt seien.

Eine solch opulente Technik war in Privathäusern noch Jahrzehnte später selten zu finden. Häufig bestand die Toilette hier bloß aus einer Art Trichter aus dünnwandiger Keramik, dem ein gemauertes Korsett die notwendige Stabilität verlieh. Eine Verschalung aus Holz mit Sitzbrett und Deckel gab der ganzen Konstruktion einen „behaglichen" Anstrich. Im Vergleich zum Plumpsklo brachten diese Abtritte nur eine geringe hygienische Verbesserung. Klagen über Geruchsbelästigung wurden laut, und es scheint so, als ob derartige Klagen keine Einzelerscheinungen waren.

Mit der Zeit begann der Markt zu spielen: Bereits 1872 hatte der Ziegeleiunternehmer Bodmer damit begonnen, Trichterklosette zu importieren, die von einem dünnen, spiralförmig von oben nach unten verlaufenden Wasserstrahl gereinigt wurden. Voraussetzung dafür war ein Anschluss an die Wasserversorgung. Dies war immer noch keine Selbstverständlichkeit. Um die Jahrhundertwende verzeichnete die Sanitärbranche endlich einen klaren Aufschwung: 1890 gab es in Zürich nur einen Spezialisten für den Einbau von Toiletten; zehn Jahre später waren es 18 Installateure. Einige ließen ausdrücklich im Adressbuch vermerken, dass sie auch Toilettenpapier verkauften. Diesen Aufschwung unterstützt hatte auch eine Verordnung aus dem Jahr 1898, die für jede neue Wohnung den Einbau eines Abortes forderte. Eine vollständige Verbannung der Gerüche war jedoch nicht die Regel: die große Mehrheit der Toiletten besaß keinen Siphon als Geruchsverschluss.

Nicht nur in Zürich war die Einbindung der Toilette in den Wohnbereich zu beobachten. Ganz allgemein war zu Beginn des 20. Jahrhunderts der Trend zu verzeichnen, das Defäzieren zu privatisieren. Etwas später folgte auch das Baden in den eigenen vier Wänden dieser Entwicklung. Allerdings muss man diesen „Vormarsch" relativieren: Nur eine elitäre Minderheit konnte sich ein sauberes und wohlriechendes WC leisten. Noch bis in die Mitte des 20. Jahrhunderts musste sich ein Großteil der Bevölkerung mit einfachen sanitären Einrichtungen zufrieden geben. Erst nach dem Zweiten Weltkrieg wurde das WC für eine Mehrheit zu einer hygienischen Hochburg. Die Exkremente mussten möglichst rasch aus dem Gesichtskreis verschwinden und sie durften keine geruchlichen Spuren hinterlassen.

Wasser und Seife

Der Mensch sei, urteilte der populäre Arzt und Vielschreiber Christian Franz Paullini in seiner *Heylsamen Dreckapotheke* (1696) mit barocker Sprachgewalt, „vom Scheitel bis zu den Füßen ... ein rechter Sack voll Dreck: eine Sau, die sich immer im Kot wälzt"[50].

So derb haben es die Wissenschaftler im letzten Viertel des 19. Jahrhunderts zwar nicht formuliert, doch dank ihren Forschungen gewann der Schmutz eine neue Dimension: nicht mehr den sichtbaren, sondern den un-

Hygiene für den Intimbereich: Das Bidet

Seit der Mitte des 18. Jahrhunderts war in adeligen Kreisen der „Sauberkeitsstuhl“ – das Bidet – zu finden. Die Herkunft des Wortes leitet sich vom französischen Wort *bidet* für „kleines Pferd“ (Pony) ab. Man erklärt sich die Neubezeichnung mit dem Umstand, dass ein Bidet bei seiner Benutzung „geritten“ wird, man setzt sich sozusagen rittlings darauf. Es macht den Anschein, dass französische Möbelschreiner das Bidet im späten 17. oder frühen 18. Jahrhundert erfunden haben. Allerdings steht kein exaktes Datum oder ein Erfinder fest. Ein früher literarischer Hinweis auf Existenz und Verwendung des Bidets findet sich bei dem französischen Marquis d'Argenson (Le Voyer, Marquis d'Argenson, 1867, Bd. I, S. 205), der berichtet, wie er von Madame de Prie empfangen wurde, während diese ihre Toilette machte. Die Szene war nicht bemerkenswert. Man tauschte Banalitäten und Höflichkeiten aus. Doch dann setzte sich Madame de Prie „auf ihr Bidet“ und machte Anstalten zu einer intimen Toilette. Der Marquis, der sich daraufhin zurückziehen wollte, wurde von Madame de Prie jedoch zum Bleiben angehalten.

Lange Zeit blieb das Bidet Ausdruck sozialer Distinktion. Es bestand normalerweise aus einer Holzeinfassung und einem Becken aus Zinn oder Fayence: Meist war es sorgfältig gearbeitet und luxuriös ausgestattet. Durch eine Rückenlehne und einen Deckel, der das Becken abdeckte, konnte das Bidet auch zu einem Sitzmöbel werden. Sonderanfertigungen aus Metall wurden hergestellt, damit das Bidet auf Reisen mitgenommen werden konnte. Nur langsam verbreitete sich der Gebrauch des Bidets auch in bürgerlichen Kreisen. Hinweise auf tägliche Waschungen im Intimbereich sind gegen Ende des 18. Jahrhunderts die Ausnahme. 1772 ist in einem Handbuch zur weiblichen Hygiene zu lesen: „Die Pflege der vornehmen Körperteile ist eine unumgängliche Notwendigkeit. Man muss sie jeden Tag waschen und dem zu diesem Zweck bestimmten Wasser alle Arten von aromatischen Pflanzen oder alkoholhaltigen Flüssigkeiten beimengen.“ Der Gebrauch des Bidets wurde auch von Ärzten empfohlen, um der Übertragung von Geschlechtskrankheiten vorzubeugen. Erst mit dem Siegeszug der Toilette mit Wasserspülung beginnt auch die massenhafte Verbreitung des Bidets.

Bidets sind heute insbesondere im südlichen Europa verbreitet (speziell in Frankreich, Griechenland, Italien, Spanien und Portugal), in der Türkei, den arabischen Ländern und in Lateinamerika (hier sind Brasilien, Argentinien und Uruguay zu nennen, in denen man Bidets in der Mehrzahl aller Haushalte finden kann), aber auch in besonderer Form in Japan und einigen anderen asiatischen Staaten. In Deutschland ist das Bidet in Privathaushalten eher die Ausnahme denn die Regel.

G. H. Brassai machte um 1932 dieses Foto, das eine Frau bei der Benutzung des Bidets zeigt. Die Szene scheint eindeutig zweideutig – doch bleibt die Geschichte hinter dem Bild Brassais Geheimnis.

Ein Badezimmer in Berlin um 1912. Dusche, Badewanne,
Lavabo und Klo sind bereits vorhanden.

sichtbaren Schmutz in Form von Mikroben galt und gilt es hauptsächlich zu bekämpfen. Mit großem Erfolg konnten die Menschen zu mehr Sauberkeit erzogen werden, wobei das wiederholte Auftreten von verheerenden Seuchen im 19. Jahrhundert das hygienische Bewusstsein schärfte. Mit Fug und Recht darf das stille Örtchen bzw. das Badezimmer im ausklingenden 19. und insbesondere im 20. Jahrhundert als die Wirkungsstätte der Hygiene gelten. Es wurde zu einem eigentlichen Tempel der Reinlichkeit und der körperlichen Reinigung. Hygiene, kultureller Fortschritt und soziales Ansehen wurden jetzt als Einheit empfunden. Wer es sich um 1900 leisten konnte, schaffte sich Hygienemöbel an – Duschschrank, Badewanne und Bidet –, und nicht selten verschmolz das stille Örtchen mit dem Bad zu einer Einheit.

Im Badezimmer war und ist Wasser das zentrale Element der Sauberkeit. Mit der Notdurft scheint Wasser nur einen indirekten Zusammenhang aufzuweisen: Wasser dient als Medium, um die menschlichen Exkremente fortzuspülen, und Wasser und Seife werden gebraucht, um anschließend die Hände zu reinigen. Aber im Hinblick auf Weiterentwicklungen des WCs im Verlauf des 20. Jahrhunderts und das Aufkommen des Bidets erscheint es angebracht, kurz auf die Geschichte des Wassers als Mittel zur Sauberkeit einzugehen.

Sauberkeit

Sauberkeit bestand im frühneuzeitlichen Europa lange Zeit nur darin, die sichtbaren Teile des Körpers – den Kopf, das Gesicht, den Hals, die Hände und Füße – zu waschen. Grundsätzlich stand man dem Wasser mit großer Skepsis gegenüber. Nicht ein hygienisches Bewusstsein, sondern der Anstand zwang einen zur Einhaltung eines ordentlichen Erscheinungsbildes. Besonders verpönt war der Gebrauch von Wasser in den höheren Gesellschaftsschichten. Hier rückte man den Körpergerüchen und dem Schmutz mit Puder und Parfüm zu Leibe und verzichtete auf den Gebrauch von Wasser. Ein Anstandsbuch aus dem Jahr 1671 gibt den Ratschlag: „Kinder sollen Gesicht und Augen mit einem weißen Tuch abwischen, weil dadurch der Schmutz entfernt wird und der Teint seine natürliche Farbe behält. Sich mit Wasser zu waschen, schadet den Augen, erzeugt Zahnschmerzen und Katarrhe, verleiht dem Gesicht eine bleiche Farbe und macht es im Winter gegen Kälte und im Sommer gegen Sonnenlicht empfindlicher."[51]

Diese „trockene Toilette" fand ihre Rechtfertigung in der herrschenden Gesundheitslehre des 17./18. Jahrhunderts. Es galt als erwiesen, dass jeder lebende Körper immerzu Schmutz produziere. Selbst der gesündeste Mensch sei voll von Unreinheiten. Der im 18. Jahrhundert weit über seine Heimat hinaus bekannte Arzt Christian Friedrich Richter meinte, der Körper müsse wie ein Gefangener ständiger Kontrolle unterworfen werden. Diese Aufsicht sei notwendig, „denn es wird ein jeder bekennen, dass der Urin, die beständige Ausdünstung des Leibes, der Schweiß, der ... schleimichte Stuhlgang, so von gesunden Leuten abgehen, nichts als Unreinigkeiten sind"[52]. Sämtliche therapeutische Maßnahmen der Mediziner waren darauf abgestellt, schädliche Flüssigkeit aus dem Körper zu schaffen. Durch Abführ- und Brechmittel konnte der Arzt steuernd eingreifen. Das Klistier erfreute sich denn auch in dieser Zeit weitester Verbreitung.

Frisches Wasser

Um die Mitte des 18. Jahrhunderts trat ein Wandel in der Haltung gegenüber dem Wasser ein. Eine Anzahl von Me-

Die Geschichte der Seife

Seife ist erwiesenermaßen uralt. Bereits die Sumerer haben Seife um 2500 v. Chr. verwendet. Aus einem detaillierten Rezept dieser Zeitperiode geht hervor, wie viel Öl und Holzasche zusammen verkocht werden müssen, um ein brauchbares Seifenprodukt zu erhalten. Doch diese Seife wurde zum Waschen von Wolle benutzt und nicht zum Händewaschen. Nach dieser ersten verbürgten Anwendung als Waschmittel wird Seife als Medikament und Schönheitsmittel erwähnt.

Offensichtlich geriet das Wissen um die Seifenherstellung und Seifenverwendung bald wieder in Vergessenheit. Selbst bei den kultivierten Griechen sucht man vergebens nach Anhaltspunkten über die Seife als Waschmittel für Textilien und Haut. Auch die Römer kamen erst durch den Kontakt mit anderen Völkern wieder zur Kenntnis der Seifenherstellung. Der römische Schriftsteller Plinius der Ältere (um 23–79) notiert über Gebrauch und Zusammensetzung des bis dahin unbekannten *sapo*: „Von Nutzen ist hier auch die Seife, welche die Gallier erfunden haben und womit sie ihren Haaren einen rötlichen Glanz verleihen. Man bereitet sie aus Talg, am besten von Ziegen, und aus Asche. Von dieser zieht man die Buchenholzasche vor. Es gibt zwei Arten [Seife], flüssige [pastöse] und steife; beide sind in Germanien mehr bei den Männern als bei den Frauen in Gebrauch."[53]

Erst im 2. Jahrhundert n. Chr. wird man wieder auf die Reinigungswirkung der Seife aufmerksam. Galen (um 129–199), der berühmte in Rom praktizierende griechische Arzt, weist in seinen viel beachteten Schriften ausdrücklich darauf hin, dass Seife nicht nur zu heilen, sondern auch ganz ausgezeichnet Schmutz von Körper und Kleidung zu lösen vermag.

Aus den folgenden Jahrhunderten sind die Überlieferungen zur Seife und ihrem Gebrauch nur spärlich. Etwa vom 8. Jahrhundert an werden die Quellen dann ergiebiger. So weiß man aus Verordnungen Karls des Großen (748–814), dass er das Seifesieden als Hausgewerbe und Handwerk im Fränkischen Reich zu fördern suchte. Bekannt ist auch die bedeutende Seifenfabrikation der Araber im 9. Jahrhundert, die sich schon frühzeitig mit chemischen Versuchen befasst haben. Durch die Araber gelangte die Kunst des Seifenmachens nach Spanien. Rasch bildeten sich an Orten mit günstigen Rohstoffquellen – wozu auch Italien zählte – Schaltstellen der Seifenherstellung. Die Venezianer verstanden sich vortrefflich auf die Herstellung feiner, weißer, stark parfümierter Toilettenseifen. Ihre duftenden Erzeugnisse kamen durch Kaufleute nach Deutschland, wo sie im 15. und 16. Jahrhundert ebenso begehrt waren wie im 12. Jahrhundert die Seifenkugeln aus Damaskus, die die Kreuzritter aus dem Orient mitgebracht hatten.

Während die Mittelmeerländer eine blühende Seifen„industrie" kannten, machte man nördlich der Alpen nur zaghafte Fortschritte. In Deutschland sind erst aus dem 14. Jahrhundert Gründungen von Seifensieder-Zünften bekannt. Doch noch lange blieb Seife ein rarer Luxusartikel und wurde zum Wäschewaschen kaum und zur Körperpflege nur sehr sparsam verwendet.

Hygiene und Seife gehören zusammen.
Geradezu liebevoll hat Edgar Degas hier eine Frau im Badezuber dargestellt (1883).

dizinern lenkte das Augenmerk von Fachkollegen und gebildeten Laien auf die äußere Anwendung des fließenden Wassers. Die Hydrotherapie fand Verbreitung. Der Arzt Johann Sigmund Hahn (1696–1773) fasste die Lehren seines Vaters im Werk *Unterricht von Kraft und Wirkung des frischen Wassers* zusammen. Es erschien erstmals im Jahr 1738 und erlebte in den folgenden Jahrzehnten bis weit ins 19. Jahrhundert hinein zahlreiche Auflagen. Das in einfacher und verständlicher Sprache geschriebene Werk des Arztes gab Empfehlungen zum Waschen und Baden in kaltem Wasser und war für die Verbreitung eines neuen Körperbewusstseins in Europa von größter Bedeutung. Johann Sigmund Hahn befand, dass das Wasser sich durch das „Vermögen, zu reinigen und abzuwaschen" auszeichne. Die gesamte Körperoberfläche müsse gereinigt werden, nicht nur wegen des gesellschaftlichen Ansehens, sondern auch wegen der Wirkung des Wassers gegen Hautausschläge und Ungeziefer. Schließlich sei auch die Geruchlosigkeit des Wassers von Vorteil, weil so der schlechte Körpergeruch entfernt werden könne.

In höheren Kreisen wurde das Baden zu einer erlaubten, geduldeten und für manche sogar alltäglichen Praktik. Doch auch der Hygiene schenkte man vermehrt Beachtung. Das auffälligste Merkmal einer veränderten Auffassung der Körperpflege zeigte sich jedoch in einer räumlichen Aufteilung: den unterschiedlichen Hygienevorrichtungen wurde ein eigener Raum zugewiesen. Damit ist ein neuer, speziell für intime Verrichtungen gedachter Raum entstanden – das Badezimmer.

Für die große Mehrheit der Bevölkerung war der Bezug zum Wasser zweifelsohne unkomplizierter, als es in den höheren und gebildeten Schichten der Fall war. Wer die Möglichkeit hatte und nahe an einem Gewässer wohnte, wird an einem heißen Sommertag ohne Bedenken ein erfrischendes Bad genossen haben. Und selbstverständlich wird die ländliche und handwerklich arbeitende Bevölkerung sichtbarem Schmutz mit Wasser zu Leibe gerückt sein und nicht mit Parfum und Puder.

Jean Jacques Rousseau (1712–1778) hat in der ersten Hälfte des 19. Jahrhunderts dann das Baden geradezu propagiert und sich gleichzeitig auch für das Erlernen des Schwimmens eingesetzt. Für den Gebrauch der Seife als zusätzliches Mittel der Sauberkeit hat er sich nicht stark gemacht. Überhaupt zeigt ein Blick in die Geschichte der Seife, dass diese erst sehr spät als Handseife benutzt wurde. Als sehr schwierig erweist sich zudem die Beantwortung der Frage, ab wann man sich die Hände nach dem Gang zur Toilette mit Seife gewaschen hat und das uns heute so vertraute Muster zum allgemein üblichen Vorgang wurde.

Händewaschen nicht vergessen!

Und wie steht es nun mit dem Waschen der Hände nach dem Gang zur Toilette? Dass sich Menschen auch früher die Hände nach erledigter Notdurft gewaschen haben, steht außer Zweifel. Die Römer säuberten sich in den öffentlichen Bedürfnisanstalten die Hände in einem Wasserbecken oder in einer Wasserrinne, die vor den Sitzen durchlief. Im Mittelalter gehörte das Händewaschen nach dem Austreten in vielen Klöstern zur Gepflogenheit, und in einem Anstandsbuch für Höflinge aus dem Jahr 1558 findet sich der Hinweis, es sei in Gesellschaft ehrbarer Begleitung unangebracht, sich die Hände zu waschen, da man daraus schließen könne, es sei ein Gang zur Toilette vorausgegangen.

Ob aber damals auch Seife zum Waschen der Hände nach dem Toilettengang benutzt wurde, darf eher bezweifelt werden. Die Wende zum Gebrauch von Seife für das Händewaschen erfolgte erstaunlich spät. Neben dem billigen Preis für Seife, der durch moderne Produktionsverfahren möglich wurde, gaben die epochalen Entdeckungen in der Bakteriologie die entscheidenden Impulse. Die Entdeckung des Choleraerregers (1883) brachte den Beweis, dass Fäkalien Krankheitserreger enthalten können. Auch die Aufdeckung des Ansteckungsweges bei Ruhr (1898 Bazillenruhr) und Typhus (1880) durch Schmierinfektionen trugen das Ihre dazu bei. Jetzt bekam das Waschen der Hände nach dem Toilettengang eine tiefere Bedeutung und es galt als Pflicht, dazu Seife zu benutzen. Dabei lieferten wissenschaftliche Forschungen um die Jahrhundertwende bereits den Nachweis, dass Seifen das Wachstum von Bakterien hemmen oder sie gar abtöten konnten. Auf verschiedensten Ebenen suchte man nun auf das hygienische Bewusstsein der Leute einzuwirken. Die Erziehung zum *homo hygienicus* begann: 1911 organisierte der deutsche Unternehmer Karl August Lingner (1861–1961), der mit seinem Mundwasser „Odol" schwer reich wurde, in Dresden die erste Internationale Hygiene-Ausstellung. In mehr als 50 Hallen besichtigten über fünfeinhalb Millionen Besucher die Ausstellung und ließen sich über die neuesten Errungenschaften auf dem Feld der Medizin belehren. Der auf Sauberkeit bedachte Mensch wurde durch diese Entwicklung erst möglich. Kein Zeitalter in der Menschheitsgeschichte hat so viel Wert auf die Hygiene gelegt wie das 20. Jahrhundert; kein Jahrhundert mehr Seife und Waschmittel verbraucht; kein Jahrhundert Gestank und Abfall vehementer bekämpft.

„Händewaschen nicht vergessen!" So lautet der kategorische Imperativ der Hygiene. Diese Aufforderung, die sich mit dem Siegeszug des WCs Bahn brach, hat heute im Zeitalter der „Schweinegrippe" ihre Fortsetzung gefunden.

Die Geschichte des Klopapiers

Wer kennt nicht die Situation, in der er dringend einem natürlichen Bedürfnis folgen muss, aber kein Toilettenpapier zur Hand hat. Notdurft hat zu allen Zeiten erfinderisch gemacht. Im alten Griechenland dienten zur Reinigung nach dem „Geschäft" üblicherweise flache Steine oder Tonscherben verschiedener Größe, die man gewöhnlich in kleinen Säckchen mit sich trug. Weitaus angenehmer dürfte der Gebrauch von Schwämmen gewesen sein, die auch gern von den Römern benutzt wurden. Wer es sich leisten konnte, benutzte Stofflappen, wie es Ausgrabungen belegen. Bestimmt nutzten die ärmeren Gesellschaftsschichten aber auch Materialien, die keine Spuren hinterlassen haben, und wie man sie dann vor allem aufgrund bildlicher Quellen aus der Frühen Neuzeit kennt. Es waren dies etwa pflanzliche Materialien wie Stroh, dürres Gras oder Moos, das oft als gefülltes Körbchen zur Ausstattung eines Abtritts zählte. Aus einer 1535 verfassten Polemik erfährt man beiläufig, dass man den Inhalt des Körbchens „Arschwüsch" zu nennen pflegte. Der französische Herzog von Richelieu (1585–1642) benutzte Hanf als Toilettenpapier, sein Zeitgenosse, der Schriftsteller Paul Scarron (1610–1660), Kleie und Madame Maintenon (1635–1719), die zweite Gemahlin des französischen Königs Ludwig XIV., Schafwolle. Vornehme Damen des 18. Jahrhunderts gebrauchten spitzenbesetzte Tücher, während man in Russland im 17. und 18. Jahrhundert eigens zu diesem Zweck auf den Markt gebrachte, mit einem drastischen Namen bezeichnete kleine Schäuflein von Tannenholz verwendete. Im Allgemeinen zeigten sich bei der Reinigung des Allerwertesten klare gesellschaftliche Unterschiede: In besseren Kreisen verzichtete man gern auf pflanzliche Materialien und leistete sich die teuren Tüchlein aus Stoff.

Doch das Zeitalter des Papiers brach sich unerbittlich seine Bahn. Der Luzerner Chronist Renward Cysat (1545–1614) riet im späten 16. Jahrhundert, anstelle von Stroh den „Hintern" mit Papier zu reinigen. Es ist dies eine der spärlichen Quellen, welche sich über den Gebrauch von Klopapier äußert. Ein Verwendungszweck übrigens, der im arabischen Raum viel weiter zurückreicht. So gibt ein Reisender 851 n. Chr. die wohl erste Beschreibung zur Verwendung von Toilettenpapier im abendländischen Kulturkreis: „Sie sind reinlich und waschen sich nicht mit Wasser, wenn sie ihre Notdurft verrichtet haben. Stattdessen wischen sie sich lediglich mit Papier ab."[54] Die Araber dürften den Gebrauch des Toilettenpapiers von den Chinesen, den Erfindern des Papiers, gekannt haben. Auch hier finden sich erste Hinweise für den Gebrauch als Klosettpapier erst für das 9. Jahrhundert.

Genauere Angaben, die den Bedarf des chinesischen Kaiserpalastes belegen, stammen gar erst aus dem Jahr 1393: Für die kaiserliche Familie wurden 720 000 Blatt im Format 60x90 Zentimeter und 15 000 Blatt im Format 90x90 Zentimeter parfümiert auf Lager gehalten.

Es dauerte mehr als ein Jahrtausend, bis Toilettenpapier auch in der westlichen Welt Verbreitung fand. Im Jahr 1857 wurde das erste kommerziell verpackte Toilettenpapier in den Vereinigten Staaten von dem Geschäfts-

Saubere Sache: Toilettenpapier in einer blau gefliesten öffentlichen Toilette in Berlin im Jahr 2009.

Spiel und Spaß für männliche Fans zur Fußball-WM 2006: Pissoir mit Fußballplatz.

Hinweisschilder haben im Bereich der natürlichen Bedürfnisse eine deutliche Sprache zu sprechen.

Umfragen eines bedeutenden Toilettenpapierherstellers brachten es an den Tag: Täglich muss Mann/Frau durchschnittlich 4,5-mal und verbringt 16 Minuten auf dem Lokus. Frauen müssen öfters. Sie gehen im Schnitt pro Tag 5,7-mal auf die Toilette und verweilen insgesamt 18 Minuten. Hochgerechnet auf die statistische Lebenserwartung, verbringen Frauen über ein Jahr (376 Tage) auf der Toilette. Männer gehen weniger häufig auf die Toilette, nämlich im Schnitt 3,4-mal. Insgesamt verbringen sie 15 Minuten pro Tag auf der Toilette; sie nehmen sich etwas mehr Zeit – rund fünf Minuten für ihr Geschäft (rund drei Minuten die Damen). Hochgerechnet auf die statistische Lebenserwartung, verbringen Männer 291Tage auf dem Lokus. Der Gang zur Toilette wird von einer Minderheit abwechslungsreich gestaltet: 29 Prozent, mehrheitlich Jüngere, lesen Zeitung; sechs Prozent lesen ihre Post; fünf Prozent telefonieren; zwei Prozent lösen Kreuzworträtsel und 63 Prozent konzentrieren sich ausschließlich auf das Wesentliche. Zur Reinigung des Allerwertesten verbrauchen 31 Prozent vier bis fünf Blätter Toilettenpapier; 22 Prozent sechs bis zehn Blätter. Rund ein Drittel reinigt sich zuerst feucht und anschließend trocken.

mann Joseph Gayetty eingeführt. Der erhoffte wirtschaftliche Erfolg für die Papierpäckchen mit einzelnen Blättern blieb indessen aus.

Ein erneuter Versuch, für Toilettenpapier einen Markt zu erschließen, wurde 1879 von Walter Alcock in England unternommen. Anstatt wie sein amerikanischer Vorgänger nur einzelne Blätter herzustellen, entwickelte Alcock das perforierte Endlos-Toilettenpapier – die bis heute bekannte Klopapierrolle. Schwierig gestaltete sich die Werbung für seine Erfindung. Alcock hatte mit der Prüderie seiner Zeitgenossen zu kämpfen: In der viktorianischen Ära gehörte das Umfeld des stillen Örtchens zu den großen Tabuthemen. Der Erfinder benötigte fast zehn Jahre, bis sein Produkt sich durchsetzen konnte.

Mehr Glück hatten die Unternehmungen der Gebrüder Scott. Sie gründeten in Philadelphia eine Firma für Papiererzeugnisse. Sie versprachen sich von Artikeln, die unentbehrlich, leicht erhältlich und Wegwerfartikel waren, ein gutes Geschäft. Ein Artikel, der diese drei Eigenschaften perfekt in sich vereinigte, war das Toilettenpapier. Das Aufkommen der Kanalisation, der Anschluss an Wasser- und Abwasserleitung machte rasche Fortschritte. So konnte sich Philadelphia früh rühmen, in den Vereinigten Staaten die Stadt mit den meisten sanitären Einrichtungen mit Fließwasser zu sein: Im Jahr 1836 zählte man dort 1530 Badewannen. Badezimmer und Toiletten mit Wasserspülung waren ein Luxus, den sich immer mehr Menschen leisteten. Kurzum, der Markt für Toilettenpapier wuchs, und die Gebrüder Scott wussten ihre Chance geschickt zu nutzen. Hatte Gayetty sein Toilettenpapier in Packungen zu 500 Blatt angeboten, so gab es das Produkt der Scotts in kleinen Rollen. Es wurde in schlichtem braunen Packpapier verkauft und passte gut zur amerikanischen Toilette, die damals buchstäblich „das kleinste Zimmer des Hauses“ war. Jede Rolle trug den Aufdruck „Weich wie altes Leinen“.

In Deutschland wurde Papier für „hinterhältige Zwecke“ seit dem Jahr 1880 hergestellt. Noch Anfang 1890 bezog man Papier für diese Zwecke gewöhnlich aus England. Bis gegen 1900 galt ein besonderes Toilettenpapier als Luxusartikel, erst allmählich wurde es zum Bedarfsartikel. Klopapier in Rollenform gab es erst seit 1896. Das erste Rollenpapier wurde in Deutschland von der in Berlin gegründeten British-Paper-Company Alcock u. Co. fabriziert.

In den 1920er-Jahren lancierte der Unternehmer Hans Klenke ein Rollenpapier mit garantierter Blattzahl. Als Marke für dieses neuartige Produkt wählte er den Namen Hakle, eine Zusammensetzung aus seinem Vor- und Nachnamen. Der Erfolg gab dem neuen Produkt recht. 1972 führte Hakle das dreilagige Toilettenpapier ein und setzte damit einen neuen Meilenstein in der Entwicklungsgeschichte des Toilettenpapiers.

Toilettenpapier ist schon lange kein simples Produkt mehr, sondern immer mehr zu einem Produkt der menschlichen Kultur geworden. Nichts macht diesen Tatbestand deutlicher als unsere Hilflosigkeit, wenn kein Klopapier zur Hand ist. Im Notfall findet sich im Haushalt ein geeigneter Ersatz, aber was kann man in der freien Natur tun? Kathleen Meyer hat diese Frage in den Mittelpunkt ihres amüsanten und kurzweiligen Buches *How to shit in the woods* gestellt und schlägt als Ersatz für Toilettenpapier vor: große Stücke von weicher und sich gut schälender Rinde, glattes Treibholz, Meeresmuscheln, große Federn oder flache Steine. Sie schreibt gar von Föhrennadeln, welche geschickt ausgerichtet werden müssen, um dann einen angenehmen Klopapierersatz zu ergeben. Im Winter könne ein Schneeball als „Wischpapier“ dienen.

All dieser Kreativität zum Trotz werden wohl wenige die Notdurft in der freien Natur als einen Genuss empfinden. Nicht ohne Grund galt und gilt das Wasserklosett mit Toilettenpapapier als ein Attribut einer fortschrittlichen und zivilisierten Kultur.

Kuriosa der Toilette

Wie gezeigt, fand das Wasserklosett in Europa in der zweiten Hälfte des 19. Jahrhunderts nur langsam eine immer größere Verbreitung. Bis weit ins 20. Jahrhundert hinein blieb die Toilette mit Wasserspülung in den einkommensschwachen Schichten indes eine Ausnahmeerscheinung: Nur begüterte Leute konnten sich eine Toilette oder gar ein Bad mit fließendem Wasser leisten. In Europa setzte die eigentliche Revolutionierung der Wohnverhältnisse erst in der zweiten Hälfte des 20. Jahrhunderts ein. Im Jahr 1973 hatten in Frankreich 97 Prozent fließendes Wasser, 70 Prozent eine Innentoilette (1982: 85 Prozent), 65 Prozent ein Bad oder eine Dusche (1982: 84,7 Prozent) und 49 Prozent eine Zentralheizung.

Heute sind den Wünschen nach einer persönlichen Ausstattung des Badezimmers und der Toilette nahezu keine Grenzen gesetzt. In den reichen Nationen kann man bei der Entwicklung der Toiletten mit Wasserspülung verschiedene Entwicklungstrends ausmachen. Interessanterweise hat das 20. Jahrhundert, das so viele technische Revolutionen gesehen hat, im Bereich der Toilette mit Wasserspülung allerdings keine revolutionären Neuerungen mit sich gebracht.

Bahnhofstoiletten – öffentliche Toiletten überhaupt – hatten seit ihrem Bestehen immer wieder mit dem Vorwurf zu kämpfen, nur schmutzige Abstiegen zu sein. Die erhöhte Mobilität des Menschen im 20. Jahrhundert ließ die Nachfrage nach sauberen öffentlichen Bedürfnisan-

HUNDETOILETTE

In der Schweiz (und auch in Deutschland und andernlands) erstreckt sich das Hygienebewusstsein nicht allein auf die menschlichen Bedürfnisse, sondern auch auf die seines vierbeinigen Begleiters. Kot muss vom Hundebesitzer aufgesammelt werden. An vielen Orten finden sich dafür spezielle Abfallkübel, die mit einer Plastiktüte ausgestattet sind. Der Hundebesitzer nimmt sich eine solche Tüte, sammelt den Kot seines geliebten Vierbeiners auf und wirft die volle Tüte in den Abfallkübel. In Paris erledigen die *caninettes*, Motorräder mit Kotstaubsauger, die Reinigung der durch Hunde verschmutzen Trottoirs. Allerdings können sie dem Kot der Vierbeiner genauso wenig Herr werden wie die staubsaugerbewehrten Mountainbikes in Prag. Im Mittelalter wendete man gegen die Verkotung durch die Vierbeiner rigorosere Methoden an: Die Hunde wurden einfach totgeschlagen. So drastisch diese Methode erscheint, so drastisch muten auch Zahlen zur Verkotung durch Hunde an: In New York hinterlassen etwa 500 000 Hunde jedes Jahr bis zu 20 000 Tonnen Hundekot und 3,8 Millionen Liter Urin auf den Straßen!

Hundetoilette bei München (Oberbayern). Einfach und effizient müssen Hundetoiletten sein. Das Prinzip besteht aus Tüte und Abfalleimer – und der Disziplin des Hundebesitzers. Damit die Kottüten nicht irgendwo „platziert" werden, ist man zu Signalfarben übergegangen: In der Schweiz z.B. sind vielerorts Tüten in Pink zu finden.

stalten jedoch gewaltig steigen. Wenn beispielsweise Tausende Menschen jeden Tag durch einen Bahnhof strömen, ist es unvermeidlich, dass entsprechend viele einem dringlichen Bedürfnis nachkommen müssen. McClean, eine Tochtergesellschaft der Hakle AG, erkannte dieses Potenzial. Gegen Entrichtung eines nicht eben bescheidenen Betrags kann man McClean's Toiletten im Bahnhof benutzen: In der Tat handelt es sich um ein stilles und sauberes Örtchen: Da die Kabine vollständig geschlossen ist, sind keine Geräusche von Nachbarn zu vernehmen. Die Kabine ist geräumig, blitzblank und duftet frisch. Fürs Jacket gibt es einen Holzbügel und für die Sauberkeit des werten Hinterteils ein weiches, dreilagiges Papier. Für das kleine Geschäft der männlichen Benutzer bietet sich das preisgünstigere Pissoir an. Eine eingebrannte Fliege fordert dort zu Zielgenauigkeit auf.

Anfang 1995 startete die Firma McClean in Bern ihr Pilotprojekt der „Saubermänner" in Bern. Mit ihrem Kon¡zept entdeckte die McClean AG offenbar eine Markt-lücke: Die Bahnen müssen sich nicht mehr um die Aborte kümmern, sparen Kosten und gewinnen mit den sauberen Toiletten ein besseres Image. Der Erfolg stellte sich rasch ein: Nicht nur in der Schweiz, sondern auch in Deutsch-land (München, Augsburg, Freiburg i. Br. und Köln) und Frankreich (Gare de l'Est in Paris) wurden Toiletten von McClean eingerichtet.

Dringende Bedürfnisse können den *homo mobilis* teuer zu stehen kommen. Dies musste man in Los Angeles erfahren. Die U-Bahn Linie, die das Stadtzentrum mit den Vororten Hollywood, Sherman Oaks und Malibu verbindet, überschritt das Budget um über 100 Millionen Dollar. Einen nicht unwesentlichen Anteil dieses Betrags machten die zehn Luxustoiletten in den U-Bahn-Stationen aus. Zwar lösten die neuen Toiletten aufgrund ihrer Architektur in den USA einen Begeisterungssturm aus: Die Böden sind aus Marmor, der selbstverständlich aus Italien stammt, die WC-Schüsseln aus Deutschland und die Art-déco-Verzierungen aus Frankreich. Das Architektenteam wurde aus Japan eingeflogen – nur das Beste war gut genug für das „Untergrundgeschäft". Dementsprechend fiel die Rechnung aus. Über 58 Millionen Dollar kosteten die zehn Toiletten, und rasch wurde in den Zeitungen vorgerechnet, dass sich dieser Luxus nur schwer auszahlen kann: Falls jeder WC-Benutzer einen Dollar für sein Geschäft entrichten würde, wäre das Toilettenkunstwerk in rund 500 Jahren amortisiert. Doch auch wenn die Luxustoiletten in Los Angeles nicht gerade ein wirtschaftlicher Erfolg sind, so demonstrieren sie doch eindrücklich das Prestige, das das stille Örtchen seit seinen Anfängen begleitet. Luxus zeigt sich gerade auch an diesem Örtchen.

Dumper Pumper, lautmalerisch kommt diese Erfindung sanitärer Technik für den mobilen Menschen aus den Vereinigten Staaten daher. Es handelt sich dabei um ein transportables Klo, das aus einem Plastiksack und einer speziell gefertigten Klobrille besteht. Diese lässt sich an der Anhängerkupplung des eigenen Wagens befestigen. Mit dem Rücken zur Stoßstange setzt man(n) oder frau sich drauf und erleichtert sich in den Plastiksack, beim Luxusmodell in einen Kübel. Vielen scheint es einleuchtend, dass diese Toilette nicht nur im Urlaub, sondern auch im Katastrophenfall – bei Wirbelstürmen, Erdbeben oder Waldbränden – ihre Nützlichkeit beweisen wird: Wann immer der Mensch sich gezwungen sieht, mit dem Automobil zu flüchten.

Was hat ein Wal mit moderner Hygienetechnik zu tun? Scheinbar wenig und doch ließen sich die Werber einer Produktionsfirma für Toiletten von diesem

Meeressäuger inspirieren. Beim Luftholen stößt der Wal nämlich die verbrauchte Atemluft aus, was eine Fontäne aus Wasser und Luft erzeugt. Im Zeitalter der Jagd auf Wale erscholl deshalb der Ruf: „Da bläst er!" Wasserfontänen der besonderen Art nutzt die Schweizer Firma Balena (italienische Bezeichnung für den Wal) bei ihren Dusch-Toiletten. Ein warmer und weicher Wasserstrahl reinigt nach erfolgtem Geschäft die Analregion. Der Verzicht auf das Toilettenpapier ist in der Geschichte der Toilettenentwicklung nichts Neues. Bereits um die Jahrhundertwende gab es erste Versuche, anstelle des Papiers Wasser zu verwenden und das WC im eigentlichen Sinn des Wortes zu einer Wasserapparatur zu machen. Doch der Markt für ein derartiges Produkt war noch nicht vorhanden. Erst nach dem Zweiten Weltkrieg stieg das Interesse: Das *Closomat*, gerne als erstes Dusch-WC bezeichnet, konnte sich einen Markt erobern. Aber nicht der europäische Markt, sondern der japanische erwies sich als besonders lukrativ: Rund 40 Prozent aller Haushalte verfügen heute im „Land der untergehenden Sonne" über ein Dusch-WC.

Für diesen „künstlichen Wasserfall" besteht in europäischen Ländern kein Bedarf. Zurückhaltend verhält man sich zudem immer noch gegenüber den Dusch-Toiletten. Doch wer weiß, was John Harington mit seiner wassergespülten Toilette im 18. Jahrhundert einleitete, könnte im 21. Jahrhundert mit den Dusch-Toiletten seine Fortsetzung und Vollendung finden. Ob die Hersteller von Toilettenpapier diesen Vormarsch allerdings ohne Weiteres dulden werden, steht auf einem anderen Blatt.

Umweltbedenken lassen andere technische Verbesserungen des WC wünschenswert erscheinen. Forscher wollen das bewährte System der Abfalltrennung und des Sammelns von Problemstoffen auch beim Abwasser anwenden. Die Idee besteht darin, den Urin von Fäkalien, Toilettenpapier und Spülwasser getrennt zu sammeln und zu entsorgen. Die getrennte Erfassung und Reinigung von Urin würde verhindern, dass problematische Substanzen im heutigen Umfang in die Umwelt gelangen. Urin enthält den größten Teil der Nährstoffe, die aus dem menschlichen Körper ausgeschieden werden. Es wäre nahe liegend, den menschlichen Urin als Ausgangsprodukt für die Herstellung von Dünger zu verwenden.

Mit der konventionellen Toilette ist die Uringewinnung allerdings nicht möglich. Eine neue Toilette, das Trenn-WC, ist dafür erforderlich. Bei einem solchen WC wird im vorderen Teil der Urin aufgefangen und in einen Speicher geleitet, während die Fäkalien im hinteren Becken wie bei der konventionellen Toilette weggespült werden. Eine zeitliche Trennung von Urin- und Abwassertransport soll es möglich machen, den Urin in die zentrale Reinigungsanlage zu leiten. Diese Art der Trennung bietet sich an, weil die bestehende Kanalisation nachts nur wenig Abwasser führt. So könnte der in kleinen Haustanks gelagerte Urin bei trockenem Wetter während der Nacht ferngesteuert in die Kanalisation gelassen werden, wo er in Richtung Kläranlage fließt.

Wird diese Technologie der Toilette im 21. Jahrhundert ihren Siegeszug antreten? Eines ist jedenfalls sicher, die Geschichte der wassergespülten Toilette ist noch lange nicht zu Ende.

ANHANG

LITERATUR IN AUSWAHL

Blume, Jacob: Von Donnerbalken und innerer Einkehr, Göttingen 2002.

Bologne, J. C.: Histoire de la pudeur, Paris 1986.

Borst, Arno: Lebensformen im Mittelalter, Frankfurt a. M. 1984.

Borst, Otto: Alltagsleben im Mittelalter, Frankfurt a. M. 1983.

Brödner, Erika: Die römischen Thermen und das antike Badewesen, 2. Aufl., Darmstadt 1992.

Bumke, Joachim: Höfische Kultur, 8. Aufl., München 1997.

Carcopino, Jérôme: La vie quotidienne à Rome à l'apogée de l'empire, Paris 1939.

Connolly, Peter/Dodge, Hazel: Die antike Stadt. Das Leben in Athen und Rom, Köln 1998.

Corbin, Alain: Pesthauch und Blütenduft. Eine Geschichte des Geruchs, Frankfurt a. M. 1988.

Coturnix, Erbauliche Enzy-Clo-Pädie, Kulturgeschichte eines verschwiegenen Örtchens, München 1979.

Dirlmeier, Ulf (Hg.): 500–1800: Hausen – Wohnen – Residieren (Geschichte des Wohnens, Bd. 2), Stuttgart 1998.

Donno, Elizabeth Story (Hg.): Sir John Harington's a New Discourse of a Stale Subject, called the Metamorphosis of Ajax, London 1962.

Duerr, Hans Peter: Der Mythos vom Zivilisationsprozess, 5 Bde., Frankfurt am Main 1988–2002.

Durm, Josef (Hg.): Handbuch der Architekten. Die Hochbaukonstruktionen, 3. Teil, Bd. 5, Darmstadt 1892 (2. Aufl.; Erstauflage 1883), S. 241–381 (umfassend mit Quellenangaben).

Elias, Norbert: Über den Prozess der Zivilisation. Soziogenetische und psychogenetische Untersuchungen, 2 Bde., Frankfurt a. M. 1976.

Elias, Norbert: Die höfische Gesellschaft. Untersuchungen zur Soziologie des Königtums und der höfischen Aristokratie, Frankfurt 1990.

Ennen, Edith: Die europäische Stadt des Mittelalters, 4. Aufl., Göttingen 1987.

Faber, René: Von Donnerbalken, Nachtvasen und Kunstfurzern. Eine vergnügliche Kulturgeschichte, Frankfurt a. M. 1994.

Frey, Manuel: Der reinliche Bürger. Entstehung und Verbreitung bürgerlicher Tugenden in Deutschland 1760–1860, Göttingen 1997.

Fundgruben – stille Örtchen ausgeschöpft, hg. vom Historischen Museum Basel, Basel 1996.

Goetz, Werner: Leben im Mittelalter vom 7. bis 13. Jahrhundert, 3. Aufl., München 1987.

Gööck, Roland: Erfindungen der Menschheit. Gesundheit, Nahrung, Wohnen, Bauen, Blaufelden o. J.

Grassnick, Martin: Bäder und hygienische Einrichtungen als Zeugnisse früher Kulturen, München 1992.

Gregory, Morna/James, Sian: Stille Örtchen. Ein Besuch auf den Toiletten der Welt, 2. Aufl., München 2006.

Guerrand, Roger-Henry: Les Lieux. Histoire des commodités, Paris 1985.

Halliday, Stephen: The Great Stink of London. Sir Joseph Balzagette and the Victorian Cleansing of the Victorian Capital, Sparkford 2001.

Handwörterbuch des Aberglaubens, hg. von Bächtold-Stäubli, Berlin/Leipzig 1927–1942 (Nachdruck 1987).

Hellyer, Stevens: The Plumber and Sanitary Houses, London 1877.

Hösel, Gottfried: Abfall aller Zeiten. Eine Kulturgeschichte der Städtereinigung, München 1987.

Illi, Martin (Hg.): Von der Schîssgruob zur modernen Stadtentwässerung, Zürich 1987.

James, Peter/Thorpe, Nick: Keilschrift, Kompass, Kaugummi. Eine Enzyklopädie der frühen Erfindungen, Zürich 1998.

Kackle-Feucht, Chlodwig: Das Klo-Gästebuch, Frankfurt a. M. 2003.

Kiby, Ulrika: Bäder und Badekultur in Orient und Okzident. Antike bis Spätbarock, Köln 1995.

Kiechle-Klemt, Erika/Sünwoldt, Sabine: Anrüchig. Bedürfnisanstalten in der Großstadt. Ausstellung im Münchner Stadtmuseum 1990.

Kolb, Frank: Rom. Die Geschichte der Stadt in der Antike, München 1995.

Krabs, Otto: Wir, von Gottes Gnaden. Glanz und Elend der höfischen Welt, München 1996.

Labisch, Alfons: Homo Hygienicus. Gesundheit und Medizin in der Neuzeit, Frankfurt/New York 1992.

Ladener, Claudia-Lorenz (Hg.): Komposttoiletten. Wege zur sinnvollen Fäkalien-Entsorgung, Staufen bei Freiburg 1992.

Lambton, Lucinda: Temples of Convenience, London 1978.

Liger, François: Fosses d'aisances, latrines, urinoirs et vidanges, Paris 1873.

Lindemann, Hugo (Pseudonym: C. Hugo): Die deutsche Städteverwaltung. Ihre Aufgabe auf den Gebieten der Volkshygiene, des Städtebaus und des Wohnungswesens, Stuttgart 1901.

Meyer, Kathleen: How to shit in the Woods. An environmentally sound approach to a lost art, 2. Aufl., Berkeley 1994.

Meyer, Werner: Hirsebrei und Hellebarde. Auf den Spuren des mittelalterlichen Lebens in der Schweiz, 2. Aufl., Olten/Freiburg im Breisgau 1986.

Müller, Reiner: Lehrbuch der Hygiene, Teil I, München/Berlin 1942.

Neudecker, Richard: Die Pracht der Latrine. Zum Wandel öffentlicher Bedürfnisanstalten in der kaiserzeitlichen Stadt, München 1994.

Palmer, Roy: Auch das WC hat seine Geschichte, München 1977.

Panati, Charles: Universalgeschichte der ganz gewöhnlichen Dinge, 2. Aufl., München 1999.

Pieper, Werner: Das Scheiss-Buch: Entstehung, Nutzung, Entsorgung, München 1987.
Reulecke, Jürgen (Hg.): 1800–1918. Das bürgerliche Zeitalter (Geschichte des Wohnens, Bd. 3), Stuttgart 1997.
Richardson, Matthew: Das populäre Lexikon der ersten Male. Erfindungen, Entdeckungen und Geistesblitze. Von Abakus bis Zoo, Frankfurt 2000.
Rösener, Werner: Bauern im Mittelalter, München 1985.
Schabenberger, Stefan/Lindigkeit, Lars: Spülen nicht vergessen. Das Toilettenbuch, Berlin 2003.
Schrader, Mila: Plumpsklo, Abort und Stilles Örtchen, o. O. 2006.
Schubert, Ernst: Alltag im Mittelalter. Natürliches Lebensumfeld und menschliches Miteinander, Darmstadt 2002.
Sommer, Rike: Lokuspokus. Alles was man über das stille Örtchen wissen muss, Bergisch-Gladbach 2008.
Vigarello, Georges: Wasser und Seife, Puder und Parfum. Geschichte der Körperhygiene seit dem Mittelalter, Frankfurt a. M. 1985.
Wenz-Gahler, Ingrid: Flush! Modernes Toiletten-Design, o. O. 2007.
Winkle, Stefan: Geißeln der Menschheit. Kulturgeschichte der Seuchen, Düsseldorf/Zürich 1997.
Wittkop, Gabrielle/Wittkop, Justus Franz: Paris. Prisma einer Stadt. Eine illustrierte Kulturgeschichte, Zürich 1978.
Wright, Lawrence: Clean and Decent. The Fascinating History of the Bathroom and the Water-Closet, London 1960 (Neuauflage 2000).
Zahn, Joachim: Nichts Neues mehr seit Babylon, Hamburg 1979.

ANMERKUNGEN

1 Herodot, Historien Bd.1, S. 229.
2 Zitiert nach Winkel 1997, S. 347.
3 Hösel 1987, S. 33.
4 Zitiert nach Brödner 1992, S. 117.
5 Hösel 1987, S. 34.
6 Neudecker 1994, S. 41.
7 Neudecker 1994, S. 43.
8 Neudecker 1994, S. 40.
9 Neudecker 1994, S. 65.
10 Neudecker 1994, S. 49f.
11 Kolb 1995, S. 576.
12 Neudecker 1994, S. 17.
13 Werner Meyer, Sprachhaus und Scheißkübel, in: Fundgruben 1996, S. 26. Weitere Hinweise: Dirlmeier 1998, S. 207. Rösener 1985, S. 85.
14 Borst 1983, S. 130.
15 Borst 1983, S. 244.
16 Hösel 1987, S. 53f. Vergleiche: Schubert 2002, S. 101 und Illi 1987, S. 38ff.
17 Zürcher Ratsmandat vom 23. Dezember 1546, zitiert nach: Illi 1987, S. 48.
18 Zitiert nach Schubert 2002, S. 104.
19 Bumke 1997, S. 160.
20 Hösel 1987, S. 42.
21 Zitiert nach: Bumke 1997, S. 148.
22 Werner Meyer, Sprachhaus und Scheißkübel, in: Fundgruben 1996, S. 30.
23 Hösel 1987, S. 197.
24 Zitiert nach: Winkle 1997, Fußnote 36, S. 627.
25 Zitiert nach: Winkle 1997, S. 628.
26 Kiby 1995, S. 247.
27 Palmer 1997, S. 23.
28 Hösel 1987, S. 63; Wright 1960, S. 53; Illi 1987, S. 201.
29 Palmer 1997, S. 25f.
30 Deutsche Übersetzung in: Palmer 1997, S. 27f. Englisches Original in: Wright 1960, S. 71.
31 Deutsche Übersetzung in: Palmer 1997, S. 27f. Englisches Original in: Wright 1960, S. 72.
32 Illi 1987, S. 202.
33 Palmer 1977, S. 34.
34 Palmer 1977, S. 32.
35 Palmer 1977, S. 51.
36 Beide Zitate aus: Wright 1960, S. 103.
37 Vergleiche: Dirlmeier 1998, S. 673.
38 Palmer 1977, S. 17.
39 Palmer 1977, S. 92.
40 Palmer 1977, S. 93. Zur Geschichte des Kugelventils S. 94ff.
41 Palmer 1977, S. 105.
42 Palmer 1977, S. 19.
43 Zitiert nach: Reulecke 1997, S. 257.
44 Zitiert nach: Wittkopp 1978, S. 289.
45 Wright 1960, S. 200.
46 Guerrand 1986, S. 116.
47 Illi 1987, S. 110.
48 Durm 1892, 3. Teil, Bd. 5, S. 252.
49 Durm 1892, 3. Teil, Bd. 5, S. 253.
50 Frey 1997, S. 35.
51 Vigarello 1985, S. 27.
52 Zitiert nach: Frey 1997, S. 36.
53 Zitiert nach: Zahn 1979, S. 115.
54 Richardson 2000 (Stichwort Toilettenpapier).

BILDNACHWEIS

S. 10: akg-images (Philippe Maillard); S. 13: bpk (Ingrid Geske); S. 15: akg-images (Peter Connolly); S. 17: nach: Fundgruben. Stille Örtchen ausgeschöpft, Ausstellungskatalog, Historisches Museum Basel 1996; S. 19: nach: Karl-Wilhelm Weeber, Luxus im alten Rom. Die Schwelgerei, das süße Gift..., Darmstadt 2003;S. 23: akg-images (Erich Lessing); S. 25 und 27: nach: Fundgruben. Stille Örtchen ausgeschöpft, Ausstellungskatalog, Historisches Museum Basel 1996; S. 28: „Diebold-Schilling-Chronik 1513", © Eigentum Korporation Luzern; S.29: akg-images (SMPK, Gemäldegalerie); S. 30: akg-images (Bibliothèque Nationale); S. 33: nach: Daniel Furrer, Wasserthron und Donnerbalken. Eine kleine Kulturgeschichte des stillen Örtchens, Darmstadt 2007; S. 35: akg-images (Werner Forman); S. 36: akg-images (Hervé Chamollion); S. 39: nach: Günther Binding, Als die Kathedralen in den Himmel wuchsen. Bauen im Mittelalter, Darmstadt 2006; S. 41: Fundgruben. Stille Örtchen ausgeschöpft, Ausstellungskatalog, Historisches Museum Basel 1996; S. 43: picture-alliance/ dpa (Istvan Bajzat); S. 45: akg-images (Bildarchiv Monheim); S. 46: bpk/ RMN; S. 49: Daniel Furrer; S. 51-57: nach: Daniel Furrer, Wasserthron und Donnerbalken. Eine kleine Kulturgeschichte des stillen Örtchens, Darmstadt 2. Aufl. 2007; S. 59: Daniel Furrer; S. 63: picture-alliance/ dpa (Peter Steffen); S. 65: bpk; S. 66: bpk (Jörg P. Anders); S. 69: Daniel Furrer; S. 70: akg-images (Leon R. Rosenow); S. 73: picture-alliance/ akg-images (Jürgen Raible); S. 77: bpk/ RMN (Estate Brassai); bpk (Zander & Labisch); S. 81: akg-images (Erich Lessing); S. 83: picture-alliance (Bodo Marks); S. 85: picture-alliance/ ZB (Arno Burgi); S. 86: picture-alliance (Markus Ulmer); S. 87: picture-alliance (Enno Kleinert); S. 89: Anja Harms; S. 90: picture-alliance/ dpa (Peter Kneffel); S. 93: Anja Harms.

ZUM AUTOR

DANIEL FURRER wurde 1962 geboren und wuchs in Beromünster im Schweizer Kanton Luzern auf. Biologie und Geschichte schlugen ihn früh in ihren Bann. Nach dem Geschichtsstudium arbeitete er als Gymnasiallehrer und Lehrbuchautor, absolvierte ein Zweitstudium in Umweltlehre und schloss sein Studium mit einer Dissertation über den berühmtesten Romantiker der Schweiz, I. P. V. Troxler, ab.
Im Primus Verlag ist von ihm bereits erschienen: *Wasserthron und Donnerbalken* (2. Aufl. 2007), *Zechen und Bechern* (2006).